# dumont taschenbücher

HI0229803

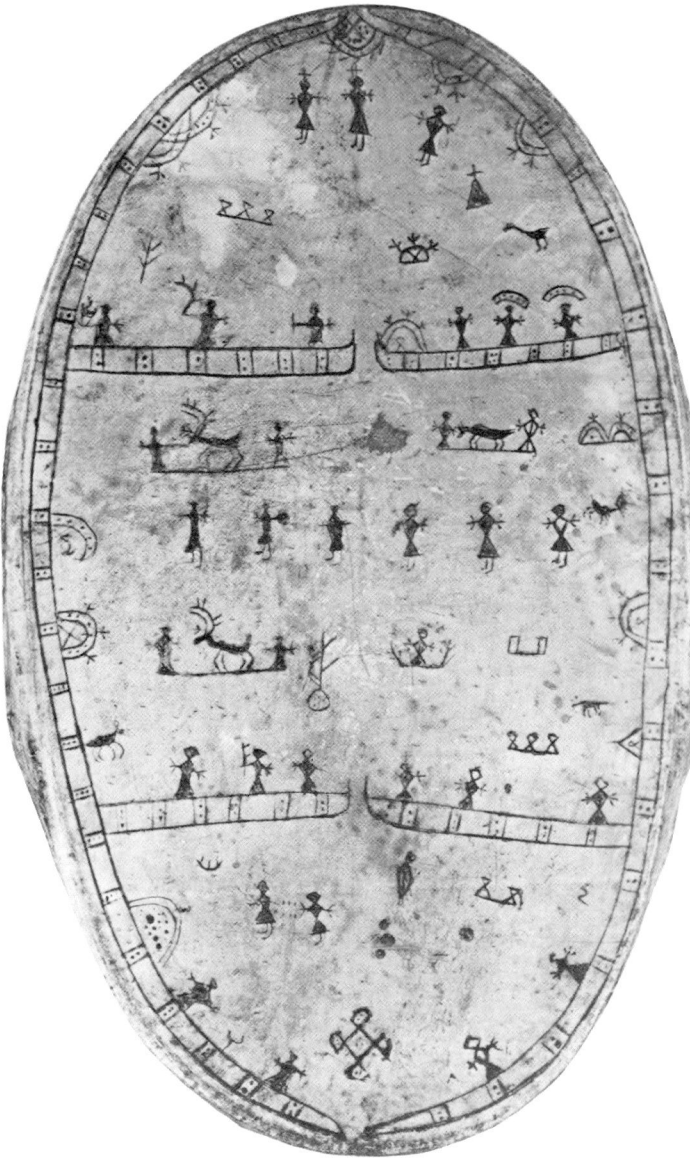

Alfred Stolz

# Schamanen

Ekstase und Jenseitssymbolik

DuMont Buchverlag Köln

Frontispiz: Bemalte Membran einer samischen Schamanentrommel, Lappland

Umschlagabb.: Schamane aus dem südlichen Sibirien

CIP-Titelaufnahme der Deutschen Bibliothek

**Stolz, Alfred:**
Schamanen: Ekstase u. Jenseitssymbolik / Alfred Stolz. –
Erstveröff. – Köln: DuMont, 1988
    (DuMont-Taschenbücher; 210)
    ISBN 3-7701-1894-4
NE: GT


Erstveröffentlichung
© 1988 DuMont Buchverlag, Köln
Alle Rechte vorbehalten
Satz, Druck und buchbinderische Verarbeitung: Boss-Druck, Kleve

Printed in Germany    ISBN 3-7701-1894-4

# Inhalt

# Einleitung

Die Zahl der Veröffentlichungen zum Schamanismus hat in den vergangenen Jahren deutlich zugenommen. Dies signalisiert ein wachsendes Interesse an einem religiösen, sozialen und psychischen Phänomen, das in den meisten Teilen der Welt der Vergangenheit angehört. Die aktuelle Beschäftigung mit diesem Thema ist – ebenso wie etwa die Auseinandersetzung mit fernöstlichen Heilslehren und ›indianischer Welterfahrung‹ – stark motiviert von der Kritik an der westlichen Zivilisation und den von ihr vertretenen Wertvorstellungen.

Mit dem vorliegenden Buch soll den Schriften, die im Schamanentum Elemente einer religiösen oder weltanschaulichen Alternative suchen, keine weitere hinzugefügt werden. Hier geht es nicht um eine kulturvergleichende positive oder negative Bewertung, sondern schlicht um die Darstellung des Schamanentums, wie es sich den Reisenden und Ethnographen von einst präsentierte. Der Leser möge auch keine religionswissenschaftliche Analyse oder systematische ethnologische Aufarbeitung des Themas erwarten. Vielmehr soll das Wirken des Schamanen in seinen wesentlichen Zügen, aber auch in seiner Vielgestaltigkeit vorgeführt werden. Leitender Gesichtspunkt ist dabei die Jenseitssymbolik, die sich in der Ausrüstung und in den sakralen Handlungen des Schamanen offenbart. Jenseitssymbolik meint die von Weltbild und Glaubensinhalten geprägte Art der Ausgestaltung von Paraphernalia und Kulthandlungen: Vorstellungen des Jenseitigen finden mit Hilfe der intellektuellen, psychischen, künstlerischen und auch handwerklichen Leistungen des Schamanen ihren materiellen, verbalen und mimetischen Ausdruck.

Diese Schwerpunktsetzung ist nicht zuletzt deshalb reizvoll, weil sich hier so Unterschiedliches wie religiöse Überzeugung, besondere psychische Begabung, künstlerisches Vermögen und handwerkliches

Geschick begegnen. Eine solche Themenstellung erlaubt zudem, die in vielen Publikationen etwas stiefmütterlich behandelte Ausrüstung des Schamanen eingehender zu betrachten. Eingeleitet von einer Darstellung der wesentlichen Merkmale des Schamanentums, nimmt daher die Beschreibung von Tracht und Instrumenten des Schamanen den Hauptteil des Buches ein, gefolgt von einer Behandlung des Künstlerischen und Symbolhaften in seinen rituellen Handlungen. Besonders in diesem letzten Teil, aber auch bei der Beschäftigung mit der Ausrüstung soll das Augenmerk auf einen in vielen Publikationen eher vernachlässigten Aspekt gelenkt werden: auf die künstlerische Leistung des Schamanen und seiner Angehörigen, denen es meist oblag, die Ausrüstung anzufertigen.

Die Art der Themenstellung bringt es mit sich, daß eine Vielzahl von Bereichen berührt, jedoch in keinem Fall auch nur annähernd erschöpfend behandelt wird. So ist immer wieder von den jenseitigen Mächten und Kosmologien der verschiedensten Ethnien die Rede, ohne daß die Religion einer einzigen von ihnen systematisch oder gar vollständig zur Darstellung gelangt; gleiches gilt für andere Gebiete, wie z. B. die Medizin, das Handwerk, die Kunst oder die orale Literatur. Der Schamane ist mit all dem verbunden, bedient sich all dessen, monopolisiert es jedoch nicht. Das gilt selbst für die Religion. Er ist zwar wichtigster religiöser ›Funktionär‹ seiner Gemeinschaft, neben ihm agieren jedoch oft besondere Opferpriester, Magier oder Wahrsager, und nicht alle Kulthandlungen bedürfen zu ihrer Durchführung eines Schamanen.

Aufgrund der besonderen Position des Schamanen wie auch der weiten Verbreitung und Vielgestaltigkeit des Schamanentums ist von den folgenden Ausführungen kein umfassendes, vollständiges Bild zu erwarten. Man sollte sie vielmehr als einen Streifzug durch unterschiedliche Kulturen verstehen, der in das Wirken ihrer jeweiligen Schamanen Einblick gewährt, aber auch andere Lebensbereiche berührt – ein Einblick, der notwendig fragmentarisch bleiben muß, der aber zu einer weiteren Beschäftigung mit diesem faszinierenden Phänomen anregen möge.

Da das Schamanentum – insbesondere in seinen Hauptverbreitungsgebieten (Nordeurasien, Nordamerika) – heute weitgehend verschwunden ist, wird in der vorliegenden Darstellung in der Vergangenheitsform berichtet.

Die beigefügte Literaturliste enthält die wichtigsten Publikationen zum Thema, die auch dieser Arbeit zugrunde liegen. Der Text bezieht sich, soweit erforderlich, auf die Autoren, denen wir wichtige Informationen oder Thesen verdanken. Handelt es sich um Aussagen, die als Allgemeingut gelten dürfen, oder um weniger bedeutende Details, wird, um den Lesefluß nicht unnötig zu stören, auf die Nennung von Namen und Quellen verzichtet. Aus eben diesem Grunde habe ich auch davon Abstand genommen, einen umfangreichen Anmerkungsapparat beizufügen. Begriffe, die nicht jedermann geläufig sind, werden im Glossar (S. 203 ff.) erläutert.

Für die Durchsicht des Manuskripts danke ich Dr. Evelin Haase (Berlin) und Frank Rainer Scheck (Köln), der diese Arbeit auch angeregt hat. Nicht zuletzt gilt mein Dank dem DuMont Buchverlag für das Engagement, mit dem der Themenvorschlag aufgegriffen wurde.

Frankfurt, im April 1988                                    A.S.

# I Das Schamanentum

## 1 Probleme der Begriffsbestimmung

Was ist Schamanentum? Wer eine einfache Antwort auf diese Frage erwartet, wird sich enttäuscht sehen. Die Zahl der religionswissenschaftlichen, ethnologischen, ethnomedizinischen, soziologischen und psychologischen Untersuchungen zum Schamanismus ist zwar kaum noch überschaubar, dennoch ist man bis heute nicht zu einer befriedigenden und allgemein anerkannten Charakterisierung des Phänomens gelangt. Handelt es sich überhaupt um einen Komplex zusammengehöriger Erscheinungen, oder wurden unter diesem Begriff, zumindest bei manchen Autoren, völlig verschiedenartige Phänomene zusammengefaßt? Findet sich das Schamanentum ausschließlich bei den nordeurasischen Völkern, den Eskimo und einigen nordamerikanischen Indianergruppen, oder hat es eine weltweite Verbreitung? Sind die Schamanen nur Taschenspieler und Geisteskranke oder die religiösen und intellektuellen Führer ihrer jeweiligen Gemeinschaften? Die Reihe dieser Fragen ließe sich beliebig verlängern. Jede der erwähnten Positionen wurde in der vorliegenden Literatur sowohl bejaht als auch verneint.

Diese Meinungsvielfalt ist nicht der Inkompetenz der Wissenschaft geschuldet, sondern in erster Linie der tatsächlichen Vielschichtigkeit des Gegenstandes. Die verschiedenen Interpretationen stellen jeweils bestimmte Seiten als wesentlich heraus und gelangen daher zu den unterschiedlichsten Definitionen.

Der Verzicht auf die Favorisierung eines dieser Ansätze macht eine Antwort auf die eingangs gestellte Frage indes nicht unmöglich. Trotz aller Differenzen über das Wesen und den Ursprung des Schamanentums besteht doch eine relative Einigkeit über seine wichtigsten Merkmale. Die von vielen Autoren – wie z.B. VAJDA – bevorzugte phänomenologische Eingrenzung erscheint daher als ein adäquates Verfahren.

1   Evenkischer Schamane, Ostsibirien (um 1900)

Zuvor aber einige kurze Bemerkungen zum Begriff selbst. Das Wort Schamane geht zurück auf das evenkische *šaman* und gelangte über russische Quellen, meist Reiseberichte aus Sibirien und Zentralasien, in die wissenschaftliche Literatur. Die Evenken (auch unter dem Namen Tungusen bekannt) sind ein Volk von Rentierhaltern, Jägern und Fischern, das der tungusisch-mandschurischen Sprachgruppe angehört und über weite Teile Ost- und Zentralsibiriens verbreitet ist. Bei ihnen nahm das Schamanentum einst eine beherrschende Stellung im religiösen Leben ein.

Ähnliche Bezeichnungen finden sich bei anderen tungusischen Gruppen, bei den im nordöstlichen China ansässigen Mandschuren sowie einigen mongolischen und turksprachigen Ethnien. Die südsibirischen Turk-Völker nennen ihre Schamanen *kam* bzw. *xam*. Die Samojeden, die Samen, die Eskimo, die verschiedenen Indianergruppen haben jeweils eigene – oft mehrere – Bezeichnungen, die nicht mit der evenkischen verwandt oder von ihr ableitbar sind.

Die Bedeutung des Wortes *šaman*, neben dem bei den Evenken noch drei weitere Namen für den Schamanen existierten, ist umstritten. Der ungarische Ethnologe DIÓSZEGI hält es für möglich, daß es auf das Verb *ša* (wissen) zurückgeht. Neben anderen Interpretationen, die von einem tungusischen Ursprung ausgehen, zieht man auch eine Herkunft aus dem buddhistischen Indien in Erwägung. Einige Gelehrte, darunter der schwedische Religionswissenschaftler Ivar PAULSON, verweisen in diesem Zusammenhang auf das Pali-Wort *samana*, das Bettelmönch bedeutet und über die chinesische Form *sha-men* in die tungusischen Sprachen gelangt sein könnte. Diese Hypothese ist Bestandteil einer Theorie, die das Schamanentum mit dem Vordringen des buddhistischen bzw. lamaistischen Glaubens nach Zentralasien in Verbindung bringt. Sollten die sprachwissenschaftlichen Bemühungen hier einmal größere Klarheit geschaffen haben, so wäre damit natürlich noch nicht die Frage nach der Entstehung und Verbreitung des Schamanentums selbst befriedigend beantwortet.

Einen in der Schamanismus-Forschung viel beachteten, allerdings sehr problematischen Versuch dazu unternahm der Schwede OHLMARKS, der im Schamanentum eine im Kern psychopathologische Erscheinung sah. In seiner 1939 vorgelegten Studie vertritt er die Ansicht, der Schamanismus basiere auf der sogenannten arktischen

Hysterie, die bei den am weitesten nördlich lebenden Ethnien des zirkumpolaren Raumes vorkomme. Hervorgerufen werde diese Krankheit durch die extremen Lebensbedingungen an der Grenze der Ökumene: Einsamkeit, Dunkelheit, Kälte, vitaminarme Kost. Bei Gruppen, die in diesen Breiten schon länger ansässig seien, wie etwa den paläoasiatischen Tschuktschen, trete diese Hysterie infolge allmählicher Gewöhnung an die dortigen Verhältnisse in einer weniger ausgeprägten Form auf als bei den später zugewanderten Neosibiriern, wie beispielsweise den Jakuten.

Echte Schamanen existieren nach OHLMARKS' Auffassung nur bei den nördlichen Bevölkerungen; im Süden, also im zentralasiatischen Steppenbereich, in den gemäßigten Zonen der Taiga sowie bei den Indianern der Subarktis, gerate der Schamane nicht wirklich in Ekstase, sondern stimuliere sich mit Hilfe rauschinduzierender Mittel (Fliegenpilze, Alkohol, Tabak usw.) oder spiele seinen Zustand einfach nur.

Wenn OHLMARKS auch die religiöse und soziale Bedeutung des Schamanen nicht leugnet, so ist für ihn der Schamanismus doch eine im Wesen pathologische Erscheinung und ohne eine hysterische Veranlagung nicht denkbar. Der schwedische Wissenschaftler konnte sich bei seiner Interpretation auf Augenzeugenberichte von Reisenden des 17. bis 19. Jhs. wie auch auf zeitgenössische ethnologische Arbeiten stützen. Seine Auffassung findet heute zwar kaum noch Anhänger, doch wird die Frage nach der besonderen psychischen Disposition für das Amt des Schamanen in nahezu allen Untersuchungen erörtert. Sie soll deshalb auch hier gesondert behandelt werden (S. 33 ff., 42).

Als überholt gilt heute auch die Auffassung von Pater Wilhelm SCHMIDT, einem der Begründer der Kulturkreislehre und der Urmonotheismus-Theorie. Dessen ungeachtet bleibt sein zwölfbändiges Werk »Der Ursprung der Gottesidee«, zwischen 1926 und 1955 publiziert, eines der bedeutendsten Werke der Religionsethnologie. Besonderen Stellenwert mißt SCHMIDT der bei einigen Völkern – wie z. B. den am Baikalsee lebenden mongolischen Burjaten oder den Altai-Türken – gebräuchlichen Unterscheidung zwischen schwarzen und weißen Schamanen bei. Erstere waren zuständig für den Kontakt zu den Mächten der Unterwelt, letztere konnten mit den Göttern und Himmelsgeistern in Verbindung treten. SCHMIDT betrachtet nur die schwarzen als echte Schamanen. Der schwarze Schamanismus soll seinen

Ursprung im agrarisch-mutterrechtlichen Kulturkreis gehabt haben, was u. a. mit seiner Orientierung auf Erde/Unterwelt und der Bedeutung der Ahnengeister begründet wird. Der weiße Schamanismus gilt SCHMIDT als Anpassung der alten Himmelsreligion der zentralasiatischen Hirtenvölker an den von Süden eindringenden neuen Glauben. Im Gegensatz zu OHLMARKS, der den Entstehungsort des Schamanismus in hocharktische Gefilde verlegt, vermutet SCHMIDT also eine südliche Herkunft. Diese These ist bei ihm untrennbar verbunden mit der Kulturkreislehre und Urmonotheismus-Theorie und verlor mit deren allgemeiner Zurückweisung seit den fünfziger Jahren an Bedeutung.

Gleichfalls nur aus ihrer theoretischen Grundkonzeption heraus ist die seit den dreißiger Jahren immer wieder vorgetragene Auffassung sowjetischer Gelehrter wie ZELENIN oder ANISIMOV zu verstehen. Ausgehend von dem im Marxismus sowjetischer Prägung vorherrschenden evolutionistischen Stufenmodell gesellschaftlichen Fortschritts, wird hier die Entstehung des Schamanentums mit dem Verfall urkommunistisch-egalitärer Strukturen und der Herausbildung gesellschaftlicher Ungleichheit in Verbindung gebracht. Die Schamanen gelten dieser Forschungsrichtung als typologisch früheste Vertreter einer Priesterschaft: Im demokratisch organisierten mutterrechtlichen Klan gab es zwar Heiler, und es wurde Jagdmagie praktiziert, jedoch nicht von speziellen religiösen Funktionsträgern; die Schamanen übernahmen diese Tätigkeiten, bereicherten sie um die ekstatische Seelenreise und die Vorstellung einer differenzierten Geister- und Götterwelt und vertraten zunehmend die Interessen der sich herausbildenden herrschenden Schicht. Der letzte Punkt trifft den vorliegenden Berichten zufolge zu für einige zentralasiatische Nomadengesellschaften, bestimmte sibirische Gruppen und die Indianer der amerikanischen Nordwestküste, die mehr oder weniger starke Ansätze zur Bildung sozialer Klassen zeigten, nicht jedoch für egalitäre Gemeinschaften wie bei den Eskimo der östlichen amerikanischen Arktis oder den subarktischen Indianern. Die evolutionistische Interpretation der Herausbildung des Schamanismus steht auch im Widerspruch zu einer Reihe von anderen Tatsachen. Methodisch richtig erscheint allerdings der Verweis auf die Bedeutung des sozioökonomischen Kontextes.

Der deutsche Ethnologe Hans FINDEISEN unterscheidet sich von der überwiegenden Mehrheit seiner Kollegen durch die Wertung des Scha-

2  Schamane der Tofa vor seinem Zelt, Südsibirien (zwanziger Jahre dieses Jahrhunderts)

manentums als Religion, und zwar als spiritistische, während sonst die
Überzeugung vorherrscht, daß es sich hier nur um ein religiöses Phänomen handelt, das mit den unterschiedlichsten Glaubensbekenntnis-
sen vereinbar, aber selbst nicht als solches aufzufassen ist; auch dann

nicht, wenn – wie bei vielen sibirischen Völkern – das religiöse Leben davon beherrscht wird.

Gerade die Verträglichkeit mit den verschiedenen Religionen ist für FINDEISENS Kritiker (z. B. STIGLMAYR mit seiner 1962 erschienenen Arbeit »Schamanismus, eine spiritistische Religion?«) Beweis dafür, daß der Schamanismus *kein* geschlossenes System von Glaubensvorstellungen und damit *keine* Religion ist. Die Kennzeichnung als spiritistisch wird zurückgewiesen mit dem Hinweis, daß der Geisterglaube und das Phänomen des spirituellen Besessenseins den Schamanismus nicht hinreichend charakterisieren. Überhaupt fand FINDEISENS Standpunkt in dieser Hinsicht nur wenige Befürworter.

Seine Qualifizierung des Schamanentums als Religion, die auch als Aufwertung zu verstehen ist, beinhaltet im übrigen die Zurückweisung aller Theorien, die darin eine psychopathologische Erscheinung sahen oder gar Betrügerei unterstellten. FINDEISEN betont im Gegenteil die intellektuelle und auch künstlerische Leistung der Schamanen. Seines Erachtens wurzelte das Schamanentum in der Lebens- und Vorstellungswelt jägerischer Kulturen.

Den wohl bekanntesten Beitrag zur Schamanismus-Forschung lieferte der rumänische Religionswissenschaftler Mircea ELIADE. Er sieht im Schamanismus eine Ekstasetechnik, die vom Glauben an ein höchstes himmlisches Wesen ausgeht, mit dem der Schamane durch die Seelenreise in Verbindung treten kann. Für ELIADE ist daher – im Gegensatz zu SCHMIDT – der weiße Schamanismus der ursprüngliche; den schwarzen und die dazugehörige Unterweltreise deutet er als jüngere Elemente.

ELIADE weist auf die mit dem Lamaismus nach Südsibirien vorgedrungenen Einflüsse hin, die das Bild des dortigen rezenten Schamanentums mitprägten. Er erwähnt darüber hinaus in den Glaubensvorstellungen Elemente, die auf eine indische, iranische oder gar altmesopotamische Herkunft schließen lassen.

Auch ELIADE lehnt es ab, vom Schamanen wie von einem psychisch Kranken zu sprechen. Im Gegensatz zu den oben erwähnten Autoren postuliert er eine fast weltweite Verbreitung des Schamanismus. Unter Hinweis auf die Feuerländer, die möglicherweise die Nachkommen der frühesten Einwanderer nach Amerika sind, vermutet er ein hohes Alter des Schamanismus, der danach bereits bei den ersten Gruppen, die die Bering-Straße überquerten, zu finden gewesen wäre. Daß ELIADE darin nicht nur ein nordeurasisches bzw. zirkumpolares Phänomen sieht, ergibt sich auch aus seiner oben erwähnten Definition, die in der Tat die Subsumtion einer größeren Zahl religiöser ekstatischer Praktiken unter diesen Begriff gestattet.

Abschließend sei noch auf die Untersuchung von Matthias HERMANNS verwiesen, der das Entstehungszentrum des Schamanismus in Mittelasien, genauer: im Grenzbereich der tibetischen und iranischen Kultur, vermutet. Bereits in den Jahrhunderten vor der christlichen Zeitrechnung seien noch stark vom jägerischen Denken geprägte Gruppen mit den hochentwickelten Ekstasetechniken der Iraner in Berührung gekommen. In Gestalt der Bon-Religion habe sich das Schamanentum dann nach Tibet verbreitet. Von hier aus sei es weiter nach Nordasien vorgedrungen, nicht jedoch nach China, Indien oder zu den Indianern Nordamerikas, bei denen – nach HERMANNS – nur Pseudoschamanen vorkamen.

Dieser kurze, durchaus nicht vollständige Überblick beleuchtet die Schwierigkeiten der Wissenschaft, die Frage nach Wesen und Ursprung des Schamanismus zu beantworten.

## 2 Zur Phänomenologie des Schamanentums

Ehe wir nun zu den Charakteristika des Schamanentums kommen, sollen zum besseren Verständnis kurz die Aufgaben des Schamanen benannt werden. Dazu gehörten Krankenheilung, Geleit von Seelen ins Totenreich, Überbringung von Opfern bzw. deren Seelen an die Götter, Abwehr böser Geister und Dämonen, Wettervorhersage und -beeinflussung, Auffinden von Jagdwild, Weissagung der Zukunft u. a. m. Die gesellschaftliche Bedeutung und die jeweiligen Zuständigkeitsbereiche des Schamanen unterschieden sich natürlich von Fall zu Fall. Oft stand er im Zentrum des Gemeinschaftslebens, nicht selten existierten neben ihm aber auch andere religiöse und weltliche Autoritäten. Als Vermittler der Wünsche und Gebote jenseitiger Mächte sorgte er für die Einhaltung sozialer Normen und kultureller Traditionen. Eine ausführliche Beschreibung all dessen erfolgt unten (S. 55 ff.).

Die typischen Merkmale des Schamanentums, die von den erwähnten Autoren in weitgehender Übereinstimmung, wenn auch mit unterschiedlicher Bewertung und Gewichtung, als solche anerkannt werden, hat u. a. VAJDA 1959 in seiner Arbeit »Zur phaseologischen Stellung des Schamanismus« zusammengetragen. Er berücksichtigte dabei allerdings nur den ›klassischen‹ nordasiatischen Schamanismus.

Als wichtigstes Merkmal gilt allgemein die *rituelle Ekstase*, ohne die das Schamanentum undenkbar wäre. Sie wurde willentlich herbeigeführt und trat in verschiedenen Intensitätsgraden auf, von der leichten Trance bis hin zur kataleptischen Starre bei gleichzeitiger Minimierung der Körperfunktionen.

Im ekstatischen Zustand verließ nach Auffassung des Schamanen seine Seele den Körper und begab sich in andere kosmische Sphären, den Himmel oder die Unterwelt. Es konnte jedoch auch vorkommen, daß Geister in den Schamanen eintraten oder er lediglich mit den herbeigerufenen jenseitigen Wesen kommunizierte, um gewisse Informationen zu erhalten.

Aus Ostgrönland berichtete der dänische Marineoffizier Gustav HOLM, der dort vor etwas mehr als hundert Jahren einer Séance beiwohnte, daß während der Seelenreise ein Hilfsgeist im Körper des Schamanen als Wächter zurückblieb. Hier traten also beide Phänomene gleichzeitig auf: Trennung der Seele vom Körper und Besessenwerden von einem Geist. Die Versuche, nur eine bestimmte Form der ekstatischen Seelenreise als authentisch für das Schamanentum zu betrachten (ELIADE: Himmelsreise; SCHMIDT: Unterweltsfahrt) konnten sich ebensowenig durchsetzen wie das einseitige Hervorheben der Besessenheit durch Geister (FINDEISEN).

Die Tatsache, daß sich der Schamane bewußt in einen ekstatischen Zustand versetzte, diesen also beherrschte und kontrollierte, ist ein wesentliches Argument gegen die Behauptung, er sei ein bloßer Epileptiker oder Hysteriker, sind diese Menschen doch ihren Anfällen ausgesetzt, ohne sie kontrollieren zu können.

Die zentrale Rolle der Ekstase im Schamanentum darf nicht zu der Vermutung verleiten, alle Ekstatiker könnten umgekehrt als Schamanen gelten. Ekstatische Erscheinungen finden sich in praktisch allen Religionen. Man denke etwa an die tanzenden Derwische im Islam oder an den Gottesdienst der Quäker. Was die schamanische Ekstase

Schamane aus Kamtschatka (1776)

wesentlich davon unterscheidet, ist ihre soziale Funktion, des weiteren ihr spezifisches Ritual sowie ihre Einbindung in eine bestimmte, wenn auch nicht einheitliche Vorstellungswelt (s. u.).

Die Ekstase ist auch das Kriterium, das den Schamanen vom Medizinmann, Zauberer, Magier und Priester unterscheidet. Sein Aufgabenbereich konnte sich zwar mit dem ihren überschneiden – so fungierte er als Heiler oder opferte den Göttern –, diese agierten jedoch im Gegensatz zu ihm nicht im Zustand der Ekstase. Überflüssig zu erwähnen, daß es auch hier Ausnahmen und Grenzfälle gab.

Voraussetzung für die ekstatische Seelenreise war der Glaube an die Existenz einer vom Körper lösbaren Seele. Diese mußte in der Lage sein, den diesseitigen Seinsbereich zu transzendieren und mit den jenseitigen Mächten in Kontakt zu treten, um die gestellten Aufgaben zu erfüllen.

Die Seelenvorstellungen der Völker, bei denen Schamanen wirkten, waren nicht einheitlich. Sie unterschieden sich jedoch von der christlichen Lehre durch die Annahme mehrerer verschiedener Seelen, wie z. B. PAULSON für den nordeurasischen Raum nachweist. Von diesen war es die ›Freiseele‹, die den Körper kurzzeitig verlassen konnte, beispielsweise im Schlaf. Starb ein Mensch, so begab sich diese Seele ins Totenreich (über Bedeutung, Funktion und Verbleib der anderen Seelen nach dem Tode gab es unterschiedliche, oft widersprüchliche Auffassungen). Allein die Seele des Schamanen besaß die Fähigkeit, aus dem Jenseits wieder zurückzukehren.

Ihr Aktionsbereich war ein in verschiedene Sphären gegliederter Kosmos. Man unterschied in der Regel eine Mittelwelt, in der die Menschen lebten, eine Unterwelt, in der Dämonen, böse Geister und schreckliche Götter hausten, sowie eine Oberwelt, in der die himmlischen Wesen residierten. Dieses Grundmuster trat bei den verschiedenen Völkern allerdings in jeweils unterschiedlicher Ausgestaltung auf. Oft gliederten sich Himmel und Unterwelt in drei, sieben, neun (diese Zahlen galten als mystisch) oder mehr ›Stockwerke‹. Man stellte sich vor, daß die kosmischen Bereiche durch eine Weltachse oder einen Weltenbaum verbunden waren, der dem Schamanen zum Auf- und Abstieg diente. Bei den Evenken lagen die drei Regionen der Welt am Ober-, Mittel- und Unterlauf eines großen verbindenden Flusses. Daneben kannte man auch den Weltenbaum. Beide Konzeptionen

4   Ein Eskimo-Schamane bei der Mutter der Seetiere (Zeichnung des grönländischen Künstlers Kaarale Andreassen, ca. 1920)

wurden offenbar nicht als sich ausschließend empfunden; sie traten sogar gelegentlich in ein und derselben Séance auf (S. 62, 177 f.). Bei Küstenkulturen wie den Eskimo war erwartungsgemäß der unterseeische Bereich von Bedeutung. Und da das Meer als der große Lebensspender galt, hausten hier auch nicht die bösen Mächte.

Man unterschied zwischen guten und bösen jenseitigen Mächten, jedoch nicht zwingend. War dieser Gegensatz bei den Turk-Völkern und Burjaten besonders ausgeprägt, so kannten beispielsweise die Eskimo auch Wesen, die weder eindeutig als gut noch als schlecht definiert waren, vielmehr auf das Verhalten des Menschen reagierten und sich durch bestimmte Handlungen und Bitten seitens des Schamanen günstig beeinflussen ließen, wie etwa die Mutter der Seetiere (Abb. 4) oder der Mann im Mond. Der Dualismus im Weltbild und Pantheon der zentralasiatischen und sibirischen Völker verdankt sich möglicherweise der Ausstrahlung religiöser Systeme aus dem südasiatischen, insbesondere dem iranischen Raum – man denke an den ausgeprägt dualistischen Zoroastrismus oder auch den Manichäismus.

Neben den Göttern und Geistern, an die er sich wandte oder die er bekämpfte, waren für den Schamanen seine Hilfsgeister von Bedeutung. Man stellte sie sich meist in Tiergestalt vor, oft aber auch als phantastische Wesen. Ohne dieses Gefolge wäre es dem Seelenreisenden unmöglich gewesen, die ihm gestellten Aufgaben zu bewältigen. Der

21

Glaube an zoomorphe Hilfsgeister gilt den meisten Autoren als Indiz für die enge Verbindung des Schamanentums mit der jägerischen Vorstellungswelt, in der die Seelen der Tiere sowie Geistertiere eine Rolle spielten.

Von diesen Geistern, die im Laufe der Ausbildung als Helfer gewonnen wurden, ist die sogenannte Tier-Mutter zu unterscheiden, die meist mit der Vorstellung von einem anderen Ich (Alter ego) des Schamanen verknüpft war. Besonders ausgeprägt fand sich dieser Glaube bei den Jakuten. Der Tier-Mutter kam hier bei der Jenseitsreise meist keine Bedeutung zu. Sie zeigte sich insgesamt nur dreimal: bei der Geburt des Schamanen, bei seiner Initiation bzw. dem Wachstum seiner Seele sowie bei seinem bevorstehenden Tod. Auftreten konnte sie als großer Vogel (z.B. Adler), Stier, Rentier oder Bär. Diese Wesen wurden in der Regel als das Alter ego des Schamanen aufgefaßt. Kämpften zwei rivalisierende Schamanen miteinander, so geschah dies in Tiergestalt. Starb das Alter ego, dann hatte das den Tod des Schamanen zur Folge. Die Deutung der Tier-Mutter ist umstritten. FINDEISEN sieht Übereinstimmungen mit dem Haupthilfsgeist des Schamanen – eine Vermutung, die auch durch den sowjetischen Gelehrten ANISIMOV gestützt wird (S. 62, 69). Die Vogelgestalt verweist wiederum auf eine himmlische Gottheit (S. 86).

Ebenfalls zur ›schamanischen Ideologie‹ gehörte der Glaube an die Ahnengeister. Vor allem bei den sibirischen und zentralasiatischen Gruppen waren sie es, die eine Person in das Schamanenamt beriefen und ihr bei ihrer Tätigkeit hilfreich zur Seite standen. In der Regel handelte es sich dabei um die Geister ehemaliger Schamanen, die sich unter ihren Nachkommen einen Nachfolger auswählten und ihn wenn nötig mit Gewalt dazu bewegten, ihren Wünschen Folge zu leisten.

Ein weiteres wichtiges Element des Schamanentums bildete die Initiation, bei der der von den Geistern Berufene oft von diesen zerstückelt, skelettiert und verzehrt wurde, ehe er in neuer Gestalt als Schamane auferstand. Dies ist unten ausführlich beschrieben (S. 46 ff.).

Damit sind die hauptsächlichen Kennzeichen des Schamanentums benannt; hinzu kommen noch die spezifischen rituellen Handlungen während der Séance und die besondere Kleidung sowie das Instrumentarium des Schamanen (S. 61 ff.; Kap. III, IV). Unsere Beschreibung orientierte sich primär am nordasiatischen bzw. zirkumpolaren Schamanismus, wo die genannten Merkmale in ihrer Gesamtheit auftraten, allerdings nicht in jedem Einzelfall: So waren beispielsweise bei den Eskimo, die zweifellos echte Schamanen kannten, die Ahnengeister nicht oder nur von geringer Bedeutung. Andererseits könnte gefordert werden, den Hochgottglauben als weiteres typisches Element anzuführen. Dies bringt uns wieder zurück zur eingangs erörterten Problematik einer genauen Definition.

## 3 Geographische Verbreitung

Entsprechend den unterschiedlichen Lehrmeinungen darüber, was Schamanismus sei, unterscheiden sich auch die Auffassungen über die geographische Verbreitung des Phänomens.

Einigkeit besteht darüber, daß der nordeurasische Raum von Lappland im Westen bis zur Tschuktschen-Halbinsel im Osten und von der Halbinsel Taimyr im Norden bis zum Altai-Gebirge im Süden als Heimat des ›klassischen‹ Schamanismus zu gelten hat. Die benachbarten Eskimo der amerikanischen Arktis und auch die Indianer der Subarktis und Nordwestküste bezieht man in der Regel mit ein. Unstrittig ist auch die weltweite Verbreitung von Elementen dieses Schamanismus im engeren Sinne, die vereinzelt oder in Kombination auftreten, während seine globale Existenz von vielen Religionswissenschaftlern und Ethnologen verneint wird.

Zwischen den extremen Standpunkten, die eine Begrenztheit auf Nordeurasien bzw. ein weltweites Vorkommen postulieren, finden sich erwartungsgemäß zahlreiche Zwischenpositionen. Vor allem an der Peripherie des nordeurasischen Verbreitungsgebietes glaubt man Spuren eines einstigen Schamanentums nachweisen zu können, das dem Christentum, dem Islam, dem Lamaismus oder anderen Religionen zum Opfer gefallen ist: so bei den alten Ungarn, im finnischen Nationalepos »Kalevala«, bei den lamaistischen Tibetern und Mongolen sowie in China. Auch in Korea übt man bis heute schamanistische Praktiken aus. Die tibetische Bon-Religion, die von schamanistischen Elementen stark geprägt ist, gilt manchen Wissenschaftlern (z. B. HERMANNS) gar als Wiege des Schamanentums. ELIADE weist auch auf scha-

5 Samischer Schamane *(noaide)* in Ekstase (1673)

manistische Züge der Gestalt des germanischen Gottes Odin hin. Schamanische Praktiken werden bei den von Herodot beschriebenen Skythen vermutet (z. B. von MEULI), ebenso bei den Hunnen Attilas und den Mongolen zur Zeit des Dschingis Khan.

Wenn auch die früheren Verhältnisse bei all diesen Völkern nicht mit Sicherheit zu rekonstruieren sind, so wird die Interpretation bestimmter Beobachtungen und Überlieferungen als schamanistisch doch durch die enge kulturelle Verbindung zum nordeurasischen Raum gestützt, so etwa bei den Finnen, Ungarn und Hunnen. Auch aus Nepal, Südostasien, Australien und Ozeanien liegen Berichte über Schamanen vor, beispielsweise von den Semang und Sakai, Jägern und Sammlern auf der Halbinsel Malakka, von verschiedenen malaiischen Gruppen und den australischen Kurnai, um nur einige zu nennen. Allerdings hat dieser Schamanismus – vorausgesetzt, man erkennt ihn überhaupt als solchen an – meist nicht die zentrale Bedeutung im religiösen Leben wie der nordasiatische.

Von der nordamerikanischen Arktis und Subarktis war bereits die Rede. Aber auch in südlicheren Breiten, so bei den Salish im amerikanischen Bundesstaat Washington und in British Columbia, fanden sich schamanistische Rituale, ähnlich denen der Nordwestküste. Auf die große Übereinstimmung zwischen dem Schamanismus der Cheyenne, einem bekannten Stamm der zentralen Plains, und dem der sibirischen Evenken hat der in den USA lehrende deutsche Ethnologe Karl SCHLESIER in seinem Buch »Die Wölfe des Himmels« (1985) aufmerksam gemacht. Mehr oder weniger stark ausgeprägte schamanistische Phänomene sind bekannt von den Algonkin-Gruppen des nordöstlichen Waldlandes, den Shoshone, die die Hochebene westlich der Rocky Mountains bis hin nach Oregon und Kalifornien bewohnen, sowie aus Kalifornien selbst.

Gleiches gilt für zahlreiche Ethnien im südamerikanischen Waldland, für die Feuerländer und die chilenischen Araukaner. Bei letzteren

Die wichtigsten im Text erwähnten Ethnien Nordamerikas:

1 Ammassalimmiut (Eskimo)  2 Iglulik (Eskimo)  3 Netsilik (Eskimo)  4 sonstige Eskimo-Gruppen  5 Naskapi  6 Montagnais  7 Cree  8 Cheyenne  9 Carrier (Athapasken)  10 Tahltan (Athapasken)  11 sonstige Gruppen der nördlichen Athapasken  12 Tlingit  13 Kwakiutl  14 Salish  15 Paviotso  16 Shoshone

Ostsee

1

4

2

Wolga

Ob

Irtysch

Jenissei

Ur

5

8

7

3

Kaspisches
Meer

Aralsee

24

23

25

22

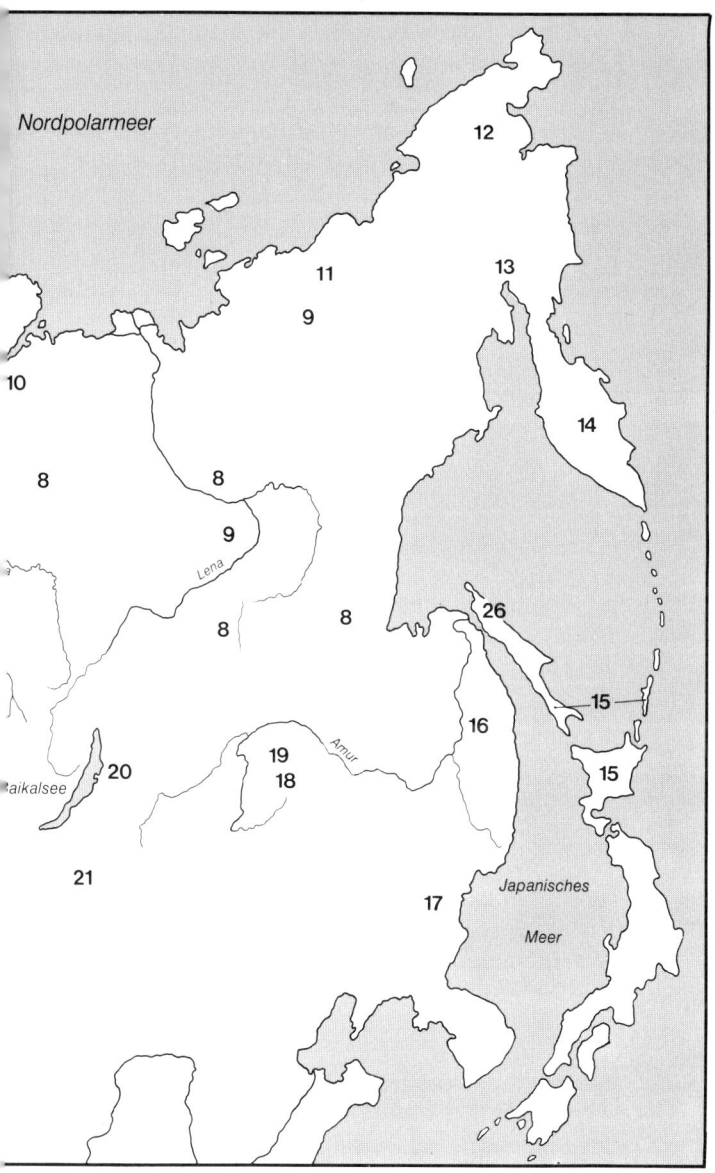

Nordpolarmeer

12

11

13

9

14

10

8

8

9

*Lena*

8

8

26

15

16

*Amur*

19

15

20

18

*Baikalsee*

21

17

*Japanisches*

*Meer*

◁ Die wichtigsten im Text erwähnten Ethnien Nordeurasiens:

1 Samen  2 Mansen  3 Chanten  4 Nenzen, Enzen  5 Selkupen  6 Nganassanen
7 Keten  8 Evenken  9 Jakuten  10 Dolganen  11 Jukagiren  12 Tschuktschen
13 Korjaken  14 Itelmen  15 Ainu  16 Nanay und andere Amur-Tungusen
17 Mandschuren  18 Dahuren  19 Solonen und andere tungusische Gruppen
der Mandschurei  20 Burjaten  21 Mongolen  22 Tibeter  23 Turk-Völker des
Altai-Gebietes  24 Tofa, Sojoten, Chakassen, Beltiren  25 Kirgisen  26 Niwchen

sind erstaunliche, bis ins Detail gehende Parallelen zum asiatischen Schamanismus nachweisbar.

Darüber, ob es Schamanen auch in Afrika gibt bzw. gab, gehen die Meinungen auseinander, viele Wissenschaftler sprechen sich dagegen aus. Die divergierenden Standpunkte leiten sich auch hier von verschiedenen Definitionen des Schamanismus her. Einem weiter gefaßten Begriff lassen sich eben auch Medizinmänner, Magier und andere Personen zuordnen, die bestimmte Kulthandlungen im Zustand der Trance ausführen.

Wir wollen uns im folgenden vor allem auf die Regionen konzentrieren, in denen der Schamanismus in seiner ›klassischen‹ Gestalt auftrat und das religiöse Leben weitgehend bestimmte: auf Sibirien, Zentralasien und die amerikanische Arktis. Das schließt die Einbeziehung von Wissenswertem aus anderen Gebieten natürlich nicht aus. Schamanistische Elemente des Lamaismus, der Bon-Religion und auch der von Buddhismus, Daoismus und Konfuzianismus überformte Schamanismus der koreanischen Volksreligion werden im folgenden allerdings nicht behandelt. Dies würde eine eingehende Beschäftigung mit den genannten Religionen bzw. Weltbildern und -anschauungen erforderlich machen.

# 4  Alter und Entstehung

Die Meinungen über Alter und Entstehung des Schamanentums gehen in der Wissenschaft weit auseinander. Betrachtet man so universelle Erscheinungen wie die Ekstase, den Seelenglauben und die Vorstellung von Göttern und Geistern als wesentlich, dann spricht man sich zugleich für ein sehr hohes Alter aus. Der Schamanismus könnte so als ein ursprünglich in allen Kulturen auftretendes Phänomen gelten, das erst später lebenskräftigeren Religionen weichen mußte.

Nimmt man die Vorstellungen von zoomorphen Hilfsgeistern und vom Alter ego hinzu, dann liegt es nahe, eine Entstehung des Schamanismus bei Jägervölkern zu vermuten. Ahnenverehrung und dualistische Konzeptionen vom Universum eröffnen wiederum andere Assoziationen.

Wird hingegen behauptet, nur das spezifische Zusammenwirken einer Vielzahl von mehr oder minder gleichwertigen Faktoren bringe das hervor, was man mit dem Begriff Schamanismus umschreibt, dann müßte es sich um eine relativ junge Erscheinung handeln, die Elemente unterschiedlicher zeitlicher Tiefe aufweist. Dabei besteht allerdings die Gefahr, nur eine bestimmte regionale Variante des Schamanentums in ihrer spezifischen Kombination von Elementen als authentisch zu bevorzugen und andere auszugrenzen. Bei der hier bevorzugten phänomenologischen Betrachtung des Schamanentums erscheint diese letzte Hypothese trotz aller Bedenken als geeignet. Wenn auch über das Alter der verschiedenen Komponenten des Schamanentums kaum eine sichere Aussage zu treffen ist, so kann doch die sehr plausible Annahme einer Ungleichaltrigkeit derselben davor bewahren, unbewiesene Behauptungen über das vermeintliche Alter *des* Schamanismus aufzustellen. Solche Thesen stützen sich oft nur auf das Vorhandensein einzelner Merkmale, von denen unberechtigterweise auf das Vorkommen des gesamten Komplexes geschlossen wird.

Wichtigstes Beispiel eines solchen voreiligen Schlusses ist die immer wieder – selbst bei bedeutenden Autoren – vorgebrachte Behauptung, der Schamanismus sei bereits im Jungpaläolithikum entstanden. Sie beruht auf der unzulässigen Projektion der Glaubenswelt rezenter Ethnien auf die Menschen der Steinzeit und auf der so ›legitimierten‹ Interpretation von Höhlenbildern und Artefakten dieser Epoche als Ausdruck vermeintlich schamanistischer Praktiken und Überzeugungen.

Man bemühte zu diesem Zweck gern das Bild des angeblichen Zauberers oder Schamanen aus der Grotte von Trois Frères im französischen Teil der Pyrenäen (Abb. 7) sowie eine Figurengruppe aus dem Schacht der Grotte von Lascaux in der Dordogne, bestehend aus einem

Wisent, einer davor auf dem Rücken liegenden menschlichen Gestalt und einem auf einem Stab sitzenden Vogel (Abb. 6). Die tiergestaltigen Elemente der Männerfigur von Trois Frères erklärte man in Anlehnung an sibirische Vorbilder kurzerhand zu Bestandteilen einer Schamanentracht. Der Liegende in der Gruppe von Lascaux wurde als Schamane in Ekstase und das Wisent als Tiergeist interpretiert, während man den Vogel auf der Stange mit sibirischen Schamanenstäben verglich oder auch als Tiergeist auffaßte.

Der französische Prähistoriker André Leroi-Gourhan überprüfte die Stichhaltigkeit solcher Deutungsversuche und kam zu folgendem Schluß: »Was den Schamanismus betrifft, so mag man Gründe für die Annahme haben, es habe Medizinmänner gegeben, welche die Seelen der Kranken mit Hilfe von Geistern aufgerichtet hätten, die ihr im Totenreich als Führer dienten. Doch auch wenn man davon überzeugt wäre, so wüßte man doch nicht, auf welchen Dokumenten man auch nur den Anflug eines Beweises gründen sollte. Was man zu finden geglaubt hat, ist weit summarischeren Charakters und stützt sich auf eine sehr vage Ähnlichkeit zwischen den gehörnten Zauberern und der

6    Die angeblich schamanische Szene aus dem Schacht der Grotte von Lascaux

7  Nachzeichnung des angeblichen Schamanen aus der Grotte von Trois Frères

Kleidung sibirischer Schamanen. Wäre die Sache nur etwas exotischer, so hätte man genausogut sagen können, die paläolithischen Menschen hätten den Teufel verehrt. Man hat die These des Schamanismus auch auf die Tatsache gegründet, daß nahe bei dem Menschen aus dem Schacht von Lascaux etwas zu finden ist, das man für die Abbildung eines Pfahles mit einem Vogel an der Spitze halten kann. Da man bei einigen Indianerstämmen Nordwestamerikas gelegentlich auf die Praxis stößt, das Grab des Schamanen mit dem Bildnis eines Vogels zu schmücken, mußte der Mann von Lascaux mithin ein Schamane sein. Dasselbe Bild hat übrigens ein anderer Autor zur Stützung der These benutzt, es handele sich um die Darstellung eines Totems« (LEROI-GOURHAN 1981: 164).

Ebenso fragwürdig erscheint es, wenn sowjetische Wissenschaftler die Entstehung des Schamanismus ins erste vorchristliche Jahrtausend datieren und sich dabei auf ein sibirisches Felsbild berufen, das angeblich eine Schamanentrommel darstellen soll.

Einige Archäologen, die sich mit der Vorgeschichte der amerikanischen Arktis, dem Lebensraum der Eskimo, beschäftigen, vermuten, daß die wahrscheinlich ebenfalls schon eskimoischen Träger der Dorset-Kultur, die von ca. 500 v. Chr. bis ins 14. oder 15. Jh. die kanadische Arktis und zeitweise Teile Grönlands bevölkerten, Schamanentum kannten. Tierfiguren aus Elfenbein, Knochen oder Speckstein mit Skelettsymbolik, Masken, Trommelreifen und sogenannte Schamanenzähne – elfenbeinerne Plättchen mit eingeschnitzten Reißzähnen, die hinter die Lippen geschoben wurden – lassen möglicherweise auf schamanische Rituale schließen, wie sie von den unmittelbaren Vorfahren der heutigen Eskimo bekannt sind. Diese hatten nach ihrer Einwanderung aus Alaska lange Zeit Kontakt zu den Dorset-Leuten und verdanken jenen möglicherweise Elemente ihres Schamanentums. Stichhaltig beweisen läßt sich dies jedoch nicht.

Lassen wir also die Frage nach dem Alter des Schamanentums und seiner konstitutiven Elemente offen. Ob etwas Vergleichbares bereits im Jungpaläolithikum existierte, ist vermutlich niemals zu klären. Sicher scheint dagegen, daß der nordasiatische Schamanismus in seiner subrezenten Erscheinungsform Merkmale trägt, die auf einen agrarisch-hochkulturlichen Ursprung hinweisen (z.B. Wesen, die an chthonische Gottheiten erinnern), die also nicht älter sein können als bronzezeitlich oder bestenfalls neolithisch. Postuliert man einen engen Zusammenhang zwischen dem Buddhismus und der Herausbildung des Schamanismus, wie etwa der russische Gelehrte SHIROKOGOROFF für die Tungusen, so müßte er in der uns bekannten Form eine noch jüngere Entwicklung sein. Andererseits legt das Fehlen dieser südasiatischen Einflüsse – etwa bei den Eskimo – nahe, daß sie nur von untergeordneter Bedeutung sind und das Schamanentum doch eine für jägerische Kulturen typische Erscheinung ist und auch ein höheres Alter haben kann.

## 5    Schamanentum und Psychopathologie

Konfrontiert mit einem ihnen unverständlichen Phänomen, reagierten die europäischen Reisenden und Missionare meist in der Weise, daß sie den Schamanen als Teufelsdiener, Taschenspieler oder Geisteskranken bezeichneten. Besonders der letzte Vergleich bot sich an, waren doch Verhaltensweisen, wie sie die rituelle Ekstase bot, in ähnlicher Form von psychisch Kranken in Europa bekannt. In der Regel sagte man den Schamanen Eigenschaften wie Menschenscheu, leichte Erregbarkeit, Kränklichkeit und Nervosität nach. Psychisch stabile, intelligente Personen mit Autorität und Ausstrahlungskraft wertete man als Ausnahmeerscheinung, sofern sie nicht als gerissene Betrüger verdächtigt wurden, die ihre Ekstase nur mimten. Als echte Schamanen galten jedenfalls die scheinbar abnormen Charaktere.

Höhere wissenschaftliche Weihe erhielt diese Auffassung nachträglich durch ethnologische und religionswissenschaftliche Arbeiten, deren bekannteste die von OHLMARKS ist. Unbestreitbar, daß es unter den Schamanen psychisch labile Individuen gab; glaubhaft auch SHIROKOGOROFFS Beschreibung des psychischen Ausnahmezustandes ganzer Gemeinschaften bei den Evenken in der Zeit zwischen dem Tod des alten Schamanen und der Amtsübernahme durch seinen Nachfolger (S. 43). Aber reicht das hin, um das Schamanentum zur Erscheinungsform einer kranken Psyche abzuwerten?

Es ist wohl unabwendbar, daß Erscheinungen einer fremden Kultur in den Vorstellungen und Begriffen des Beobachters, also ethnozentrisch, interpretiert werden. Da die Schamanen sich nach europäischen Maßstäben ›wie Verrückte‹ aufführten, wurden sie eben als solche betrachtet. Dazu kam, daß die meisten Beobachter keine ethnologische Schulung und vor allem keinerlei psychologische Ausbildung genossen hatten, somit außerstande waren, sich ein begründetes Urteil bilden zu können. Sowohl die Ethnologie als auch die Psychologie und Psychiatrie begannen sich ja erst im 19. Jh. als Wissenschaften zu konstituieren.

8    Sibirischer Schamane mit tiergestaltigen Händen und Füßen (1705)

Betrachtet man das Wirken der Schamanen im Kontext ihres kulturellen Umfelds und im Lichte der modernen Psychiatrie (auch wenn diese nur sehr begrenzt auf Menschen anderer Kulturen anwendbar ist), dann kann von den Urteilen bzw. Vorurteilen der alten Berichterstatter nur wenig bestehen. Dieses wenige aber bedarf einer Erklärung.

Psychische Ausnahmesituationen gab es sowohl bei Schamanen als auch bei ganzen Bevölkerungsgruppen. Interessante Überlegungen hierzu hat Jochen HAAS 1976 in seiner Dissertation »Schamanentum und Psychiatrie« zur Diskussion gestellt. Er verweist auf die koloniale Situation vieler Ethnien, die in kurzer Zeit tiefgreifende Veränderungen ihrer Kultur erlebten; ihre Wertvorstellungen wurden in Frage gestellt, und die Ausbeutung durch die Kolonialmächte schuf völlig neue Lebenszusammenhänge. Solche Umbruchsituationen und Bedrohungen der ethnischen Identität sind durchaus geeignet, auch in kollektivem Maßstab psychisch ›abnorme‹ Reaktionen hervorzurufen – man denke nur an die massenhaften Selbstmorde der Indianer auf den Großen Antillen, die im 16. Jh. der blutigen spanischen Unterdrückung und den gewalttätigen Bekehrungsversuchen der katholischen Kirche ausgeliefert waren.

Auch der zaristische Imperialismus betrieb, zum Teil im Zusammenhang mit missionarischen Bestrebungen, die Ausbeutung, gewaltsame Russifizierung und zeitweise sogar Versklavung der sibirischen Bevölkerung. Seuchen und Alkohol taten ein übriges. Vor diesem Hintergrund, der die seelische Verfassung vieler Angehöriger der unterdrückten Völker prägte, trafen die Reisenden mit den Schamanen zusammen.

Diese müssen als exponierte Vertreter der traditionellen Gesellschaft in ihrem Selbstverständnis und ihrer sozialen Stellung ganz besonders bedroht gewesen sein. Solche Umstände machen neurotische Symptome – wenn man sie denn so nennen will – bei vielen von ihnen erklärlich. Verfolgt von Kirche und Behörden, ihres Status beraubt und verleumdet, begegneten sie ihren Besuchern sicher äußerst zurückhaltend und unsicher, und die Vermutung liegt nahe, daß manche Séance unter diesen Bedingungen zur Inszenierung geriet.

Betrachtet man hingegen die *angakkut*, die Schamanen der ostgrönländischen Eskimo (Abb. 9), eine Gruppe die erst 1884 mit den Europäern in Kontakt kam, dann ergibt sich ein ganz anderes Bild. Die *angakkut* waren in der Regel tüchtige Jäger, körperlich leistungsfähig, psychisch stabil, sozial geachtet und geistige Führer ihrer Gemeinschaft.

Auch aus Sibirien und anderen Regionen liegen ähnliche Nachrichten vor. ELIADE hat eine Reihe solcher Berichte zusammengetragen und anderslautenden gegenübergestellt. Er lehnt ebenso wie FINDEISEN und andere Autoritäten die Theorie einer pathologischen Komponente des Schamanismus ab.

Unzweifelhaft waren die Schamanen mit einem hohen Maß an psychischer Sensibilität ausgestattet. Wären sie sonst in der Lage gewesen, Kranke und Leidende auf dem Wege suggestiver Beeinflussung zu heilen? Bei einer solchen seelischen Disposition ist es durchaus verständlich, daß die Berufung zum Schamanen, die damit einhergehenden einschneidenden Veränderungen im Leben und die Angst vor den Belastungen dieses Amtes auch ohne die oben erwähnten sozialen Bedrohungen zu ungewöhnlichen psychischen Reaktionen führen

9  Der Schamane Ajukutooq, Ostgrönland (1908)

konnten. Aber nicht die seelischen Turbulenzen sind charakteristisch für den Schamanen, sondern *ihre Bewältigung*. Dies läßt auf außergewöhnliche geistige Fähigkeiten schließen. Möglicherweise war die ›Selbstfindung‹ der Schamanen Voraussetzung dafür, andere Mitglieder der Gemeinschaft auf quasi psychotherapeutischem Wege zu kurieren.

Diejenigen, die den Schamanen als Psychopathen betrachten, übersehen im übrigen, welche Konzentrationsfähigkeit und Selbstbeherrschung er für eine Séance, deren Ablauf gemäß der jeweiligen Tradition weitgehend festgelegt war, einsetzen mußte. Ganz und gar unhaltbar wird der Pathologie-Verdacht, wenn man sich vergegenwärtigt, welche dichterischen, musikalischen und schauspielerischen Fähigkeiten ein Schamane aufzubieten hatte. So war er einer der Hauptträger der oralen Literaturüberlieferung. ELIADE weist darauf hin, daß der poetische Wortschatz eines jakutischen Schamanen etwa 12 000 Worte umfaßte, d. h. das dreifache des umgangssprachlichen Vokabulars dieses Volkes. Nach unseren Maßstäben würde ein solcher Schamane als Intellektueller rangieren, vielleicht als übersensibel gelten, keinesfalls aber als Psychopath.

Zusammenfassend läßt sich sagen, daß im Schamanismus Erscheinungen auftreten, die auf den ersten Blick zwar an Neurosen und Psychosen erinnern, sich dem Verständnis einer kulturspezifischen Psychiatrie aber entziehen. Solche Phänomene sind nur in ihrem konkreten kulturellen, sozialen und historischen Kontext zu bewerten. Und schließlich zeichnet den Schamanen gerade ihre Überwindung und Beherrschung aus, nicht das Ausgeliefertsein an sie.

# II   Der Schamane

## 1   Die Berufung

Nur in seltenen Fällen wurde jemand aufgrund eigener, freier Entscheidung zum Schamanen. In der Regel waren es die Geister schamanischer Ahnen, Naturgeister oder andere übernatürliche Wesen, die eine Person für dieses Amt erwählten. Die Berufung empfand der Betroffene keineswegs als Auszeichnung, er versuchte sich ihr im Gegenteil meist zu entziehen und fügte sich oft erst nach jahrelangem Widerstreben in den Willen der jenseitigen Mächte, die ihn in Träumen und Visionen unter Androhung des Todes immer wieder aufforderten, ihren Wünschen Folge zu leisten. Erst wenn sich der Berufene – wie es in der Regel geschah – in sein Schicksal ergab, hörten sie auf, ihn zu bedrängen, und er genas von den Krankheiten und Gebrechen, mit denen ihn die Geister geschlagen hatten.

Es existierten mehrere Arten der Berufung, die oft nebeneinander vorkamen; am weitesten verbreitet darunter wohl die durch den Geist eines verstorbenen Vorfahren, der selbst Schamane war. Dies konnte, mußte aber nicht unbedingt ein naher Verwandter sein. Er mochte der Elterngeneration oder auch einer früheren angehören und konnte mit dem Auserwählten patri- oder auch matrilinear verwandt sein. Welcher Typ von Ahnengeist bevorzugt auftrat, hing von der Sozialorganisation und den spezifischen Traditionen der jeweiligen Ethnie ab. Bei den Evenken war es – wie die sowjetische Forscherin WASSILIEWITSCH ermittelte – in der Mehrzahl der Fälle der Geist des Großvaters, an zweiter Stelle der des Vaters, gelegentlich sogar der eines Bruders; der ›Rufer‹ mußte also nicht unbedingt ein Vorfahre sein. Meist erfolgte hier die Weitergabe des Schamanenamtes – denn darum handelte es sich ja bei der Berufung, auch wenn der Weitergebende nur im Bewußtsein des Empfangenden präsent war – patrilinear und an männliche Kandidaten.

Von den Nganassanen und den ugrischen Völkern Westsibiriens berichten russische Ethnographen, daß die Schamanenkraft, insbesondere die Macht über die Hilfsgeister des verstorbenen Vaters, vom Sohn erlangt werden konnte, indem er eine hölzerne Nachbildung der väterlichen Hand anfertigte. Eine Befähigung zum Schamanen muß dabei wohl vorausgesetzt werden.

Von den zentralasiatischen Kirgisen berichtet FINDEISEN (eine russische Quelle auswertend) einen Fall, in dem der zukünftige Schamane von den Hilfsgeistern seines verstorbenen Vaters und nicht vom Geist des Vaters selbst berufen wurde. Starb ein Schamane, ohne Nachkommen oder Verwandte zu hinterlassen, mußte sein Geist – so glaubte man – ruhelos wandern und schließlich eine nicht-verwandte Person nötigen, seine Nachfolge zu übernehmen. Bei den Eskimo, wo den Ahnen im sozialen und religiösen Leben geringe Bedeutung zukam, wurde der Kandidat vorzugsweise von einem Naturgeist oder Geistertier berufen.

Bei den am Amur und Ussuri lebenden tungusischsprachigen Nanay (Golden), aber auch bei den Jakuten, einem ostsibirischen Turk-Volk, und anderen Gruppen spielten Liebesbeziehungen zu Geistern eine Rolle bei der Berufung. Es handelte sich bei diesen Geistern um niedere Wesen aus dem Jenseits, nicht um Götter. Sie unterhielten lebenslange sexuelle Verbindungen zu den Schamanen oder Schamaninnen, die sich meist von irdischen Partnern zurückzogen, zum Teil sogar impotent wurden. Diese Geisterehen waren allerdings nicht auf Schamanen beschränkt.

Ein Schamane der Nanay berichtete dem russischen Ethnologen STERNBERG von seiner *ayami,* seiner Geisterfrau, daß sie sich ihm als die *ayami* seiner Ahnen vorstellte, die nun auch ihn in das Amt berufen habe, ihm dabei zur Seite stehen und seine Gattin werden wolle. Sollte er sich weigern, werde sie ihn töten. Hier waren, vermittelt über die *ayami,* ebenfalls die Ahnen im Spiel.

Zuweilen bestimmten auch die Geister der Berge und Gewässer einen Menschen zum Schamanen, so z. B. im Altai-Gebirge, obwohl auch hier die Berufung durch Ahnengeister vorherrschte.

Bei den Nenzen Westsibiriens (aber auch bei anderen Gruppen) war man der Überzeugung – so der sowjetische Gelehrte VERBOV –, daß bereits bei der Geburt eines Kindes seine Bestimmung zum Schamanen

10    Schamanin der Tofa, Südsibirien. Das Kostüm zeigt ein Skelettmotiv

11  Schamane aus dem Altai-Gebiet

an besonderen Körpermalen erkennbar sei. Letzten Endes entschied natürlich – trotz aller Zeichen – die tatsächliche psychische Disposition für die Aufgabe über den weiteren Lebensweg. Bei einer Berufung durch Geister war dies weniger problematisch, brachte doch das Berufungserlebnis selbst eine solche mentale Eignung zum Ausdruck. Meist zeigte sich die Veranlagung schon in der Kindheit oder Jugend; es kam jedoch auch vor, daß Personen fortgeschrittenen Alters noch zu Schamanen avancierten.

Wie oben dargelegt, erforderten die Aufgaben eines Schamanen besondere psychische Voraussetzungen. Viele der Berufenen zeigten in der Zeit ihres ›Werdens‹ von der Norm abweichende Verhaltensweisen, waren introvertiert und menschenscheu, zogen sich in die Einsamkeit zurück und wurden von Träumen und Gesichten heimgesucht. Während der Berufungsphase traten bei den Kandidaten auch Symptome körperlicher Krankheiten auf, die erst verschwanden, wenn sie ihre Bestimmung akzeptiert hatten. Diese Zeit des Kampfes mit den Geistern könnte aus unserer Sicht als ›Selbstfindungsprozeß‹ des Schamanen interpretiert werden, in dessen Verlauf er sein seelisches Gleichgewicht herstellte, psychosomatisch bedingte Krankheiten überwand und sich generell instand setzte, seine besonderen Fähigkeiten in den Dienst der Gemeinschaft zu stellen.

Einige Wissenschaftler vertreten die These, die vorherrschende Berufung durch Ahnengeister deute darauf hin, daß die psychische Disposition für das Schamanenamt erblich sei. Dies mag in manchen Fällen zutreffen, reicht aber als Erklärung kaum hin, wenn man bedenkt, daß die sogenannte Erbfolge sich auch auf entferntere Verwandte erstreckte und oft überhaupt keine Rolle spielte, wie etwa bei den Eskimo. Daß man in sozial differenzierten Gesellschaften, wo das Amt des Schamanen auch materielle Vorteile oder größere Machtbefugnisse mit sich bringen konnte, darauf achtete, es in der Familie weiterzugeben, ist unbestritten.

In den meisten Fällen scheint der Aufstieg zum Schamanen jedoch als Unglück aufgefaßt worden zu sein. Abgesehen von der enormen seelischen und körperlichen Belastung, den schrecklichen Initiationserlebnissen und der gefährlichen Kommunikation mit den jenseitigen Mächten, wuchs mit diesem Amt auch die alltägliche Beanspruchung, denn wie jedes andere Mitglied seiner Gemeinschaft mußte der Schamane für den eigenen Lebensunterhalt sorgen. Daß bei den Evenken meist die Enkel und seltener die Söhne die schamanische Nachfolge antraten, ist nicht zuletzt damit zu erklären, daß die Söhne ihre Schamanen-Väter zu unterstützen hatten.

Die Abwehrhaltung der Auserwählten war aber auch dadurch motiviert, daß die Geister oft den Tod mehrerer Verwandter des zukünftigen Schamanen forderten. Konnte der Auserkorene nämlich nicht die erforderliche Anzahl von Knochen in seinem Skelett nachweisen, mußte für jeden fehlenden Knochen ein Angehöriger sterben (S. 50).

Es gab also sehr verständliche Gründe, einer Berufung zu trotzen. Allerdings vermochten nur wenige, sich ihrem Geschick zu entziehen. Zudem wurde die Amtsfreiheit in solchen Fällen mit lebenslangen Gebrechen erkauft.

Die Gemeinschaft wiederum hatte ein existentielles Interesse daran, in der Obhut eines Schamanen zu leben und nach dem Tod des alten Amtsinhabers einen geeigneten, ausgebildeten Nachfolger zu finden. Besonders bei den Evenken galt, wie SHIROKOGOROFF eindringlich schildert, eine schamanenlose Zeit als katastrophal. Mit dem Tod des alten Schamanen wurden, so glaubte man, dessen Geister frei und suchten die Menschen heim: Die von dem Verstorbenen um das Territorium seiner Gemeinschaft errichteten spirituellen Abwehranlagen und Sicherheitsvorrichtungen brachen zusammen, die seelischen Ausnahmezustände häuften sich, Krankheiten, Unfälle und Selbstmorde nahmen zu, bis schließlich ein neuer Anwärter auf das Schamanenamt in der Lage war, das alte Gleichgewicht wiederherzustellen. Fühlten sich mehrere Personen auserwählt und zeigten sie die charakteristischen ›Symptome‹, dann hatte die Gemeinschaft zu entscheiden, ob tatsächlich eine Berufung oder nur eine Krankheit vorlag. Die Anerkennung durch die soziale Gruppe war in allen Fällen Voraussetzung für ein Wirken als Schamane, und so kam es auch vor, daß jemand alle psychischen Merkmale zeigte und Berufungserlebnisse hatte, jedoch von seinem Kollektiv nicht akzeptiert wurde.

Wenn ein Schamane in der Regel auch von den jenseitigen Mächten berufen wurde, so gab es doch Aspiranten, die aus eigenem Antrieb auf Geistersuche gingen. Der amerikanische Anthropologe PARK berichtet von entsprechenden Fällen bei den Paviotso in Nevada und Oregon wie auch bei anderen Gruppen des westlichen Nordamerika. Das verwundert nicht, war doch die Geistersuche bei einer Vielzahl nordamerikanischer Indianer unabhängig vom Schamanenamt üblich.

In Westsibirien, bei den Samojeden, Chanten und Tataren, geschah es zuweilen, daß Hilfsgeister und schamanische Fähigkeiten verkauft und aufgekauft wurden. Der Handel dürfte seinen Zweck aber verfehlt haben, wenn der Käufer nicht von vornherein eine Disposition zum schamanischen Wirken besaß. Diese Art des Erwerbs von Hilfsgeistern konnte die oben beschriebene Berufung gewiß nur ergänzen, nicht aber ersetzen.

Nach einem Bericht des dänischen Eskimologen THALBITZER suchten sich bei den Ammassalimmiut in Ostgrönland Jugendliche, die Schamanen werden wollten, gelegentlich selbst ihre Lehrer aus. Meist aber war es umgekehrt, und ein erfahrener *angakkoq* wählte einen geeigneten Schüler. Die Kommunikation mit den Geistern war in diesem Falle also über den Ausbilder vermittelt. Er gab Anweisung, wie man Hilfsgeister an sich ziehen konnte. Hier entbehrte die Berufung auch nicht einer sozialen Komponente, da die Wahl oft auf Waisen fiel, deren gesellschaftliches Handikap somit durch ihre spätere Funktion ausgeglichen wurde. Wer ein *angakkoq* werden wollte, hielt dies bis zum Ende seiner Ausbildung geheim. Im Gegensatz zu den Aspiranten im sibirischen Raum fiel der künftige Schamane in Ostgrönland nicht durch Krankheitssymptome auf, sondern allein durch längere Abwesenheit; in dieser Zeit suchte er in den Bergen nach Hilfsgeistern.

## 2 Die Ausbildung

Die Ausbildung durch erfahrene Schamanen ergänzte in der überwiegenden Zahl der Fälle die Berufung durch Geister. Der oft komplizierte Ablauf einer Séance, die schwierigen Techniken, die dabei zu beherrschen waren, und nicht zuletzt die Fähigkeit, sich planmäßig in Ekstase zu versetzen, mußten ebenso erlernt werden wie die Topographie der Ober- und Unterwelt, die Charakteristika der jenseitigen Mächte und die richtige Art der Kommunikation mit ihnen. Lediglich bei den Tschuktschen und Korjaken scheint es nach Aussage ihrer

Erforscher Bogoras bzw. Jochelson keine besondere Ausbildung gegeben zu haben, was u. a. durch die hier verbreitete Sitte zu erklären ist, im Familienkreis reihum die Trommel zu schlagen und die schamanische Ekstase zu imitieren. Durch diesen sogenannten Haus-Schamanismus erhielten die künftigen Schamanen eine Art Grundausbildung, die eine Lehrzeit ersetzte.

12    Jakute während seiner Vorbereitungszeit zum Schamanen, Ostsibirien

Von den Evenken und Mandschuren berichtet SHIROKOGOROFF, daß sich ein erfahrener Schamane einen geeigneten Zögling im Alter von 16 bis 20 Jahren auswählte und systematisch heranbildete. Der Lehrling hatte bei den Séancen zu assistieren und wurde so allmählich mit seinen künftigen Aufgaben vertraut, erlangte Kenntnis von Krankheitssymptomen und Heilungsmethoden und wurde nicht zuletzt in das esoterische Wissen über die jenseitigen Bereiche eingeführt. Am Ende der Lehrzeit hatte er eine Prüfung zu absolvieren, eine öffentliche Séance. Standen mehrere Kandidaten für das Amt zur Verfügung, wollte man einen mißliebigen Anwärter zurückweisen oder gar einen Betrüger entlarven, konnten die Proben sehr hart und schwierig ausfallen. So überführte man einst einen Simulanten, indem man ihn unter Führung eines älteren Schamanen über glühende Kohlen gehen ließ.

In nur einer Nacht belehrte bei den Nenzen, so berichtet der sowjetische Gelehrte KHOMIČ, der ältere Schamane einen neuen Amtsanwärter.

Bei den Ammassalimmiut in Ostgrönland hingegen, von denen bereits mehrfach die Rede war, dauerte die Lehrzeit, die oft schon im Alter von sieben bis acht Jahren begann, bis zu zwölf Jahre. In der Regel wechselten die Zöglinge alljährlich ihre Lehrer, um sich in deren jeweiligen Spezialgebieten unterweisen zu lassen. Nach Beendigung der Lehrzeit und erfolgter Initiation durch die Geister (s. u.) mußte hier der neue Schamane sein Können in einer öffentlichen Séance unter Beweis stellen. Tat er dies nicht und hielt seine Fähigkeiten geheim, galt er fortan als Hexer und wurde allgemein gefürchtet. Auch hier zeigt sich wieder die soziale Verpflichtung des echten Schamanen. Wer sich der Verantwortung entzog und sein Wissen und Können für eigene Zwecke reservierte, galt als potentieller Feind der Gemeinschaft.

# 3  Die Initiation

Die Initiation war wie die Berufung mit Träumen und Visionen verknüpft und muß wie diese als ein Prozeß, nicht als einmaliger Akt betrachtet werden. Das ekstatische Initiationserlebnis ist nur denkbar als Höhepunkt einer kontinuierlichen inneren Vorbereitung und als

Resultat vollzogener Belehrung. Faktisch sind Berufung und Initiation kaum voneinander zu trennen. Die ›Selbstfindung‹ des Aspiranten im Konflikt mit seiner Bestimmung kann ebensogut als Hineinwachsen in seine zukünftige Rolle interpretiert werden. Nichtsdestoweniger ist die Initiation, und hier insbesondere das wesentliche Erlebnis von Tod und Wiedergeburt, von der Berufung zu unterscheiden.

Im Vergleich zu Jugendweihen oder Aufnahmen in Altersklassen und religiöse Gemeinschaften war es für die Schamanen-Initiation spezifisch, daß sie sich als *Selbst*initiation vollzog. Zwar bedurfte auch der Schamane der sozialen Anerkennung seines neuen Status und war auf Hilfe und Unterrichtung angewiesen, doch wurden keine Initiationsriten an ihm durchgeführt. Dennoch kann man seinen Übergang zu einer neuen Daseinsweise als Initiation ansprechen, da strukturell die dafür typischen Elemente auftreten: die Loslösung von der bisherigen Lebenswelt; die zeitweilige Absonderung in einem verborgenen, jenseitigen Bereich; die Rückkehr als gewandelte Person. Daß die Initiation meist von Leiden und Krankheit begleitet wurde, unterstreicht ihre Übereinstimmung mit der allgemeinen Schematik von Übergangsriten. Die körperliche Qual symbolisiert dabei den Tod und das Sterben, verstanden als Ausscheiden aus der bisherigen Existenz. Die sich bei einigen Völkern anschließende Weihe (S. 53 ff.) und auch die Prüfung des neuen Schamanen ergänzten – dies als Hypothese – das eigentliche Initiationserlebnis durch einen öffentlichen Ritus.

Dieses Erlebnis variierte gemäß der jeweiligen Glaubenswelt natürlich von Gruppe zu Gruppe, von Gemeinschaft zu Gemeinschaft und war auch nicht bei allen Individuen ein und derselben Ethnie einheitlich; dennoch stimmten seine wesentlichen Merkmale allenthalben in überraschender Weise überein: Die Seele des Initianden reiste ins Jenseits, wurde dort getötet, zerstückelt, oft von den Geistern verzehrt, neu zusammengesetzt, wiederbelebt, von Göttern und Geistern belehrt und kehrte schließlich mit der Befähigung zurück, als Schamane zu wirken. Auch zukünftig würde sie nun in der Lage sein, das Diesseits zu verlassen und mit den Jenseitigen zu verkehren.

Häufig waren es psychische oder psychosomatische Leiden, gelegentlich aber auch schwere Infektionskrankheiten, aus denen das Initiationserlebnis erwuchs, doch konnten auch fortgesetzte Meditation, konsequentes Fasten oder der Rückzug in die Einsamkeit diesen Effekt erzeugen. Von den Eskimo berichtet RASMUSSEN, daß das Initiationserlebnis manchmal im Zusammenhang mit schweren Unfällen stand.

Während seines Überganges in eine neue Existenz lag der Initiand, wie wir aus Sibirien wissen, mehrere Tage leblos, mancherorts auf frisch geschälte Birkenrinde gebettet. Seine Körperfunktionen waren kaum noch wahrnehmbar, die Haut verfärbte sich, Blutungen traten auf. Während dieser Zeit erlebte er seine Verwandlung in der jenseitigen Welt der Götter und Geister. Zwei besonders reichhaltige und detaillierte Berichte – wiedergegeben von dem sowjetischen Gelehrten POPOV – liegen über die Initiation von Schamanen der Nganassanen im nördlichsten Sibirien vor:

Sereptie D'aruoskin, so der Name des ersten Probanden, erzählte, wie er einst davon träumte, einen Baum zu fällen, um daraus einen Schlitten zu bauen. Aus den Wurzeln des Baums sprang ein Geist hervor, der ihn in die Unterwelt geleitete. Es war der Geist des ersten Schnees und des schmelzenden Schnees, der ihm nun als Führer diente. Sie gelangten an einen Fluß mit zwei entgegengesetzten Strömungen, die vom Wasser der Toten und vom Wasser der Kinder herkamen, erreichten dann ein Zeltlager und zwei Bäume, die den hellen Schutzgeist der Kinder und den dunklen des Mondes und der Geburt verkörperten. In einem der Zelte fand Sereptie sich selbst als Skelett wieder und erlebte, wie ein ebenfalls skelettähnliches männliches Wesen Eisenstücke schmiedete. Dabei assistierten ihm zwei Frauen, von denen eine aus Feuer zu bestehen schien. Im Rauchloch des Zeltes erkannte er die sieben Geister, die dazu bestimmt waren, in die eisernen Anhängsel seiner zukünftigen Schamanentracht einzugehen. Er begriff, daß er selbst es war, der hier vom Herrn der Erde – denn kein anderer war der unheimliche Schmied – zum Schamanen geformt wurde. »Als ich als Gerippe eintrat und sie schmiedeten, bedeutete es, daß sie mich schmiedeten« (POPOV 1963: 155).

Sein Begleiter führte ihn nun zu den Ursprüngen der Krankheiten und zur Herrin der Erde, übergab ihm Mond- und Sonnenfiguren, die sein Gewand zieren sollten, machte ihn mit weiteren Wesen bekannt und zeigte ihm Orte, die für sein künftiges Wirken wichtig sein würden. Die Bedeutung all dessen ließ ihn der Geist selbst erraten, und da er fast immer richtig zu antworten wußte, war es ihm bestimmt, ein großer Schamane zu werden.

Ein anderer nganassanischer Schamane berichtete, daß man ihn bei seiner Jenseitsreise auf einen See hinaustrug, wo ihm von der Stimme der Pocken, an denen er erkrankt war, offenbart wurde, daß ihn der Herr des Wassers zum Schamanen bestimmt habe. Von der Herrin des Wassers wurde er anschließend gesäugt, und der Herr der Unterwelt gab ihm zwei Führer mit auf den Weg, eine Maus und ein Hermelin. Auch er gelangte in ein Zeltlager, wo ihm die Geister der verschiedenen Krankheiten begegneten. Nach einer Reise durch das Land der Schamaninnen, die ihn singen lehrten, kam er zum Baum des Herrn der Erde, der ihn anwies, sich aus einem Ast des Baumes eine Trommel zu fertigen. Hier sah er auch die Stammeltern aller Pflanzen der Erde, und man unterrichtete ihn über die Heilkraft der Kräuter. Später traf er auf die Mütter der Rentiere, die ihn ebenfalls unterwiesen und ihm Geschenke mitgaben. Dann durchquerte er eine Wüste und begegnete schließlich einem nackten Mann, der ihn in Stücke riß und drei Jahre lang in einem gewaltigen Kessel kochte, während gleichzeitig sein Kopf geschmiedet wurde. Auch hier erhielt er Anweisungen für seine künftige Tätigkeit. Schließlich setzte der Schmied seinen Körper neu zusammen, gab ihm andere, mystische Augen und durchstach seine Ohren, damit er auch die Sprache der Pflanzen verstehe. Nach dieser Wiedergeburt erwachte der Schamane in seiner Behausung.

Ähnliche Erzählungen sind auch von den Jakuten, Burjaten, Evenken, Altaiern und anderen Völkerschaften überliefert. Hier waren es oft die eigenen Ahnen, die den angehenden Schamanen zerstückelten und verzehrten, aber auch Unterweltsdämonen und insbesondere die Herren oder Geister der Krankheiten. Letzteres war insofern wichtig, als man vielfach annahm, ein Schamane könne nur diejenigen Krankheiten heilen, deren Geister von seinem Fleisch genossen hatten, könne also nur solche Leiden kurieren, die ihn selbst schon heimgesucht hatten und von ihm überwunden wurden. Eben dies geschah aber bei der Initiation. In einem umfassenden Krankheitserlebnis wurde der Proband von der Gesamtheit der Leiden heimgesucht, die seine Mitmenschen nur vereinzelt befielen. Diese Interpretation wird u. a. dadurch bestätigt, daß manche Ethnien, so etwa die Carrier, eine athapaskische Gruppe in British Columbia, einer von einem Schamanen geheilten Person fortan selbst heilende Fähigkeiten zuschrieben.

Die Zerstückelung wurde in grausigen Details erlebt. Jakutische Schamanen berichteten, daß man ihre Körper mit eisernen Haken an den Gelenken auseinanderriß. Den Kopf schnitten die Geister zuvor ab und ließen ihn die Prozedur beobachten. Auch vom Ausstechen der Augen, vom Ausweiden des Gedärms und vom Versprengen des Blutes ist in den Erzählungen der Schamanen die Rede. War der Initiand skelettiert, wurden seine Knochen gezählt. Stellte sich heraus, daß ihre Zahl zu gering war, mußte für jeden fehlenden ein Verwandter sterben. Anderen Überlieferungen zufolge ging beim Werden eines Schamanen seine ganze Sippe zugrunde. Mit den Leichen baute der Initiand sich ein Wehr im Fluß des Todes, um sich so gegen die Kräfte konkurrierender, übelwollender Schamanen zu schützen. Nach einer anderen Version errichteten die Geister diesen Wehr aus den Rückenwirbeln des designierten Schamanen. (Die Vorstellung, daß die Angehörigen vor den jenseitigen Mächten mit ihrem Leben für den Schamanen einzustehen hatten – wie dieser umgekehrt ihrem Wohle diente –, war vor allem bei Ethnien verbreitet, die den sogenannten Klan-Schamanismus vertraten; S. 69 f.)

Den zerstückelten oder skelettierten Schamanen setzten seine Ahnen oder Geister neu zusammen. Einige Probanden versicherten, daß die Knochen ihres Skeletts dabei durch Eisendrähte verbunden wurden. Der Körper erhielt neues Fleisch, und auch das Blut ersetzte man durch besseres.

In jakutischen Erzählungen spielt bei der Initiation auch der Weltenbaum oder Baum des Lebens eine Rolle (S. 152 f.). Hier nährte die Tier-Mutter die Seele vor der Zerstückelung und bereitete sie auf die geschilderte Vivisektion durch die Geister vor. In den Nestern dieses Baumes reiften viele Seelen heran – die der größten Schamanen in den am höchsten gelegenen (vgl. die von FINDEISEN sowie FRIEDRICH und BUDDRUSS publizierten Erzählungen). Initiationserlebnisse dieser Art waren für bedeutende Schamanen nicht einmalig, wiederholten sich vielmehr.

Nicht überall war die Initiation mit Krankheit verbunden. Der dänisch/grönländische Polarforscher und Eskimologe Knud RASMUSSEN traf bei seiner 5. Thule-Expedition (1921–24) einen Iglulik-Mann, der infolge eines Unfalles, bei dem ihn ein Walroß verletzte, zum Schamanen wurde. Dieses Tier, ursprünglich von der Mutter der Seetiere zur Ahndung von Tabuverstößen in seiner Familie ausgeschickt,

13  Der Geisterbär verschlingt den Schamanenlehrling (Zeichnung des grönländischen Künstlers Kaarale Andreassen, ca. 1920)

diente ihm fortan als Hilfsgeist. Ein anderer Angehöriger dieser Eskimo-Gruppe der zentralen kanadischen Arktis, der berühmte Aua, von dem in zahlreichen Werken zu lesen ist, fühlte ein starkes inneres Leuchten, als sich ihm sein erster Hilfsgeist offenbarte. Zuvor hatte er lange Zeit vergeblich versucht, ein Schamane zu werden. Die Schamanenlehrlinge Ostgrönlands zogen sich in die Einsamkeit zurück, fasteten und rieben monoton Steine, bis ihnen die Hilfsgeister erschienen. Hier begegnet uns auch wieder das aus Sibirien bekannte Phänomen der Skelettierung. Ein schreckliches Geistertier oder Fabelwesen, der künftige Hilfsgeist, verschlingt den Novizen (Abb. 13), dessen Knochen sich später von selbst mit neuem Fleisch bekleiden. Von den Iglulik erfuhr Rasmussen, daß ein Schamane die Fähigkeit erlangen könne, das eigene Skelett zu sehen (Abb. 14).

Dies war nur ein kurzer Überblick über typische Initiationserlebnisse im Gebiet des ›klassischen‹ Schamanismus. Von zahlreichen anderen Völkern kennt man Vergleichbares. Die Australier erlebten ihre Berufung ebenfalls im Traum, auch ihr Körper wurde verwandelt, allerdings durch die Implantation magischer Kristalle. Vorstellungen

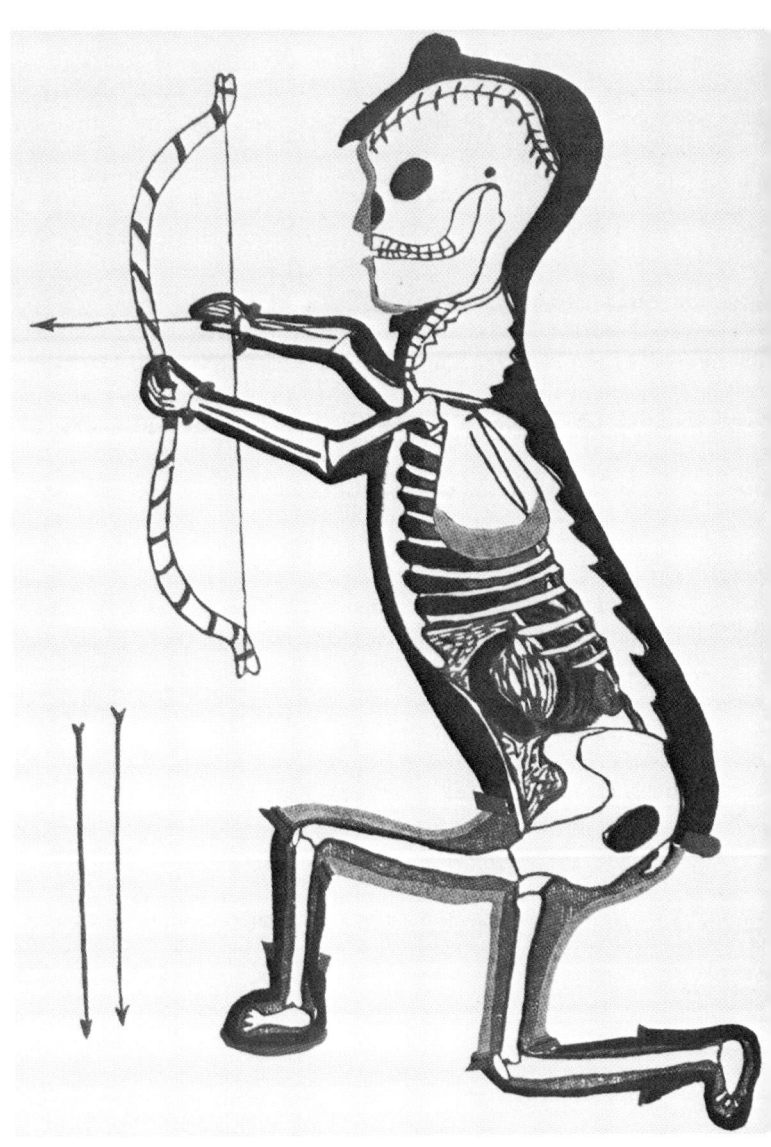

14  Der Schamane sieht sich selbst als Skelett (Lithographie eines Karibu-Eskimo, Kanada, 197.

von Tod und Auferstehung, Jenseitsreise, Geistersuche usw. waren und sind überall dort anzutreffen, wo es Schamanen gibt. Sie weichen selbstverständlich in ihrer konkreten Ausformung von den dargestellten Fällen ab. An der nordamerikanischen Nordwestküste kam es vor, daß man Kontakt zu den Geistern herstellte, indem man auf einem Schamanengrab schlief, bei den Paviotso und anderen wiederum war es – wie PARK erfuhr – Brauch, in bestimmten, von jenseitigen Mächten belebten Höhlen zu übernachten, und die Yamana Feuerlands pflegten – so die Ethnologen GUSINDE und KOPPERS – eine kollektive Zeremonie, bei der die Kandidaten unter Anleitung älterer Schamanen meditierten und schließlich zu gemeinsamen ekstatischen Erlebnissen gelangten.

# 4 Die Weihe

Mit diesem Begriff werden in der Literatur zwei unterschiedliche Phänomene bezeichnet: eine auf die initiatorische Wiedergeburt folgende, wiederum ekstatische und visionäre Unterweisung des neuen Schamanen durch einen älteren – wie auch eine Einführungszeremonie, die man als öffentliche Initiation bezeichnen könnte und die die ekstatische Selbstinitiation ergänzte.

FINDEISEN gibt eine jakutische Erzählung wieder, die von ekstatischer Belehrung berichtet. Der erfahrene Schamane bereiste mit dem Neuling in einer gemeinsamen Séance das Jenseits und machte ihn mit dessen Topographie vertraut, insbesondere mit den Bahnen der Krankheiten und den Wegen zu ihrer Heilung. Anschließend stattete man den Himmelsgöttern einen Besuch ab. Diese ekstatische Weihe enthielt Elemente, die sonst Bestandteil der eigentlichen Initiation waren. Faßt man den Begriff nicht zu eng, könnte diese Form der Weihe auch als Teil bzw. Abschluß der Initiation betrachtet werden. Jene jakutische Erzählung erinnert an die oben erwähnten kollektiven Ekstasen der Yamana, die im übrigen eine ähnliche Funktion erfüllten, nämlich der Belehrung und Einweihung neuer Schamanen dienten.

Eine spezielle Zeremonie zur Amtseinführung – ebenfalls als Weihe bezeichnet – ist in Nordasien von den Jakuten, Burjaten, Altaiern und Nanay, aber auch in anderen Regionen bekannt, in ähnlicher Form etwa bei den chilenischen Araukanern. Im folgenden soll kurz die Schamanenweihe der Burjaten dargestellt werden, aufgezeichnet u. a. von ELIADE und HARVA, die sich dabei auf Berichte des Burjaten CHANGALOV aus dem 19. Jh. stützen.

Leiter der Zeremonie war der sogenannte Schamanenvater, der Lehrmeister des Neulings. Ihm assistierten neun junge Männer, die als seine Söhne bezeichnet wurden. Der eigentlichen Weihe ging eine Reinigung voraus, die meist zweimal durchgeführt wurde. Schamanenvater und -söhne benetzten dabei den nackten Rücken des Novizen mit Birkenzweigen, die in gekochtes Quellwasser getaucht wurden, dem man Thymian, Wacholder und Tannenrinde zur Reinigung sowie Blut und Haare eines geopferten Ziegenbockes beigegeben hatte. Während dieser Verrichtung ermahnte man den zukünftigen Schamanen, Armen und Reichen für ein jeweils angemessenes, geringes Entgelt zu helfen und – sollten arm und reich gleichzeitig um Hilfe ersuchen – erstere zu bevorzugen. Trankopfer an die Geister der Quellen begleiteten diese einleitende Reinigung.

Die eigentliche Weihe fand einige Zeit später statt. Zunächst ritten der Schamanenvater und seine Söhne zu den Behausungen der Gemeinschaft, um Opfergaben zu sammeln, meist Tücher, Bänder und Glöckchen, aber auch Wein. In einigen Gegenden fasteten Vater, Söhne und der Kandidat vor der Zeremonie neun Tage lang. In der Jurte des Weihlings stellte man eine Birke auf, die durch das Rauchloch ragte, außerhalb weitere Birken verschiedener Stärke, an denen Opfergaben niedergelegt oder befestigt und später auch die Knochen der Opfertiere aufgehängt wurden. Eine besonders kräftige, tragfähige Birke diente dem symbolischen Aufstieg zum Himmel. Zwei in verschiedenen Farben gestreifte Schnüre, die den Baum in der Jurte mit den Bäumen draußen verbanden, versinnbildlichten den Regenbogen, den Weg des Schamanen zu den Göttern.

Die Teilnehmer, alle weißgekleidet, begannen nun mit der rituellen Reinigung ihrer Instrumente und opferten den Göttern und Geistern. Der Kandidat erklomm den Baum in seiner Behausung, stieg durch das Rauchloch und rief die Götter um Hilfe an. Anschließend zog man hinaus zu den Birken, wo der Novize mit dem Blut eines Opfertieres bestrichen, d. h. gereinigt wurde. Es folgte eine weitere Säuberung mit Wasser, bei der er wie bei den einleitenden Zeremonien mit benetzten

Reiserbesen auf den nackten Rücken geschlagen wurde. Nun schloß sich der rituelle Aufstieg zum Himmel an, den zuerst der Schamanenvater, dann der Kandidat und schließlich die Schamanensöhne ausführten, wobei sich alle in Ekstase steigerten. Im einzelnen variierte der Ablauf von Region zu Region, gelegentlich wurden mehrere Bäume nacheinander bestiegen; auch kam es vor, daß man am Wipfel neun Einschnitte anbrachte – Symbol des Aufstiegs durch die neun Himmelssphären. Begleitet wurden diese Handlungen von weiteren Opfern. Anschließend feierten die Zuschauer, während die Schamanen sich zurückzogen. Auch bereits aktive Schamanen unterzogen sich im Zusammenhang mit der Erhöhung ihres Status wiederholt solchen Weihen.

Soviel zur Weihe bei den Burjaten. Über die Bedeutung ihres zentralen Elements, der Besteigung der Birke, wird später mehr zu sagen sein (S. 152).

## 5   Aufgaben eines Schamanen

Der Schamane wurde immer dann aktiv, wenn die Normalität des täglichen Lebens sei es der Individuen, sei es der Gemeinschaft durch das Wirken transzendenter Mächte gestört erschien oder wenn es galt, einer drohenden Störung durch die rechtzeitige Beschwichtigung der Jenseitigen oder mit Hilfe von Informationen aus dem Jenseits vorzubeugen.

Eine der wichtigsten Aufgaben des Schamanen war die Krankenheilung (Abb. 15). Handelte es sich nicht um offensichtliche Folgen eines Unfalls oder Angriffes, brachte man Krankheiten in aller Regel mit der Aktivität von Geistern, Göttern und Dämonen in Verbindung. Diese hatten entweder die Seele des Erkrankten geraubt oder waren in seinen Körper eingedrungen. Auch konnte es geschehen, daß die Seele im Schlaf den Leib verließ und nicht wieder in ihre Hülle zurückfand. Die Evenken sahen auch Disharmonien zwischen den verschiedenen Seelen eines Menschen als leidenverursachend an.

Dem Schamanen war es nun aufgegeben, die Gründe für den Zustand des Patienten herauszufinden und nach Möglichkeit Abhilfe zu schaffen. Gelangte er aufgrund des Krankheitsbildes zu der Überzeugung, eine Heilung sei unmöglich, verzichtete er auf jedwede Aktivität. Sonst jedoch begab er sich mit Unterstützung seiner Hilfsgeister auf die Suche nach der Seele, befreite sie etwa aus den Händen von Dämonen oder erlöste sie durch eine Opfergabe aus anderen Zwängen. War der Kranke von einem übelwollenden Wesen besessen, versuchte der Schamane, diese Wesenheit zu exorzieren. Diese uns fremden Erklärungsmodelle für Krankheiten und ihre Ursachen verbanden sich zwanglos mit profunden medizinischen Kenntnissen, die unabdingbare Voraussetzung für eine Tätigkeit als Schamane waren und im Verlauf der Ausbildung und Praxis erworben wurden. So wußte ein erfahrener Schamane, daß psychosomatische Leiden eine andere Behandlung erforderten als beispielsweise Infektionskrankheiten, die durch spirituellen Einsatz nicht unmittelbar zu kurieren waren.

Die suggestiven Fähigkeiten des Schamanen, das absolute Vertrauen des Patienten in ihn, aber auch die Anteilnahme der Anwesenden an dem Kranken und seinen Gebrechen, vermochten ihn seelisch sehr oft so zu stabilisieren, daß er wieder genas. Daß die schamanische Heilung durchaus kein archaisches Relikt und durch die Entwicklung der modernen Medizin überholt ist, sondern sich mit neuzeitlichen psychologischen Behandlungsmethoden vergleichen läßt, zeigt die seit Jahren voranschreitende Renaissance traditioneller indianischer Medizin in Nordamerika.

Galt es im Krankheitsfall, die Seele in den Körper zurückzuholen, so war die Seele eines Verstorbenen ins Totenreich zu geleiten und ihre Rückkehr in die Welt der Lebenden zu verhindern. Nach der Überzeugung vieler Völker liebten es die Geister der Toten nicht, von ihren Verwandten Abschied zu nehmen, sie stellten ihnen nach oder versuchten gar, sie ins Totenreich hinüberzuziehen.

Der Asienforscher Wilhelm RADLOFF wohnte auf seinen Reisen vor mehr als hundert Jahren im Altai-Gebirge einer sogenannten Reinigungszeremonie (d. h. der Austreibung einer Totenseele aus der Behausung) bei und berichtet, wie der Schamane in seiner Ekstase die Seele einer vierzig Tage zuvor verstorbenen Frau mit Hilfe seiner Trommel in der Jurte einfing und in die Unterwelt geleitete. Dort weigerten sich die Toten zunächst, die Neuangekommene aufzunehmen, aber der Schamane überlistete sie, indem er sie betrunken machte und dabei die Seele der Frau einschmuggelte. All dies wurde vom Schamanen mit

15   Schamane der Tlingit (Südalaska) bei der Krankenheilung

solcher Meisterschaft vorgetragen, daß RADLOFF bekannte: »Die wilde
Scene hatte bei der magischen Beleuchtung des Feuers auf mich einen
so mächtigen Eindruck gemacht, dass ich eine Zeitlang den Schamanen
mit den Augen verfolgte und ganz und gar die Umgebung vergass«
(RADLOFF 1884, II: 55).

Doch nicht nur Menschenseelen standen in der Obhut des Schama-
nen, auch Tierseelen hatte er ins Jenseits zu geleiten. Opferte man den
Göttern Pferde, Rentiere, Schafe oder Ziegen, trug der Schamane die
Sorge dafür, daß sie auch an ihren Bestimmungsort gelangten. Er hatte

16  Die Eingeweideräuberin, der der Eskimo-Schamane bei seiner Reise zum
Mond begegnet (Zeichnung des grönländischen Künstlers Kaarale Andreassen, ca. 1920)

sich der aus dem getöteten Tier ausfahrenden Seele anzunehmen und
sie in einer ekstatischen Jenseitsreise den Empfängern zu überantwor-
ten. Solche Opferzeremonien sind insbesondere von einigen zentralasiatischen und südsibirischen Gruppen, aber auch von den Jakuten
bekannt. Der Schamane fungierte dabei nicht als Opferpriester, sondern als Seelenführer.

War die gesamte Gemeinschaft von einem Mißgeschick betroffen,
z. B. durch das Ausbleiben des Jagdwildes oder extrem schlechte Wet-
terverhältnisse, reiste der Schamane zu den Wesen der Ober- oder
Unterwelt, um die Ursache ihres Zorns zu erkunden und Abbitte zu
leisten, Opfer zu bringen oder Weisungen entgegenzunehmen. Bei vielen Eskimo-Gruppen erforderte der Mangel an Wild einen Besuch bei
der Mutter der Seetiere, die ihre Behausung auf dem Grunde des Meeres
hatte. Die Sünden und Tabubrüche der Menschen bewirkten, daß sich
im Haar dieser Meerfrau eine Unmenge von Schmutz sammelte. Da sie

sich nicht selbst säubern konnte – denn sie besaß keine Finger –, mußte der Schamane die Rasende überwältigen, sie kämmen und die Herausgabe von Tieren erbitten (Abb. 4). Im Verlauf der Reinigung besserte sich ihre Stimmung, und aus dem beseitigten Schmutz entstanden Robben und Wale, die den Wohnstätten der Menschen zuströmten.

Schamanen wurden auch hinzugezogen, wenn eine Frau unfruchtbar blieb. Der *angakkoq* der Ostgrönländer unternahm dann eine Jenseitsreise zum Mann im Mond und bat ihn um die Seele eines Kindes. Da es üblich war, daß der Schamane anschließend mit der betreffenden Frau geschlechtlich verkehrte, blieb der erwünschte Nachwuchs oft nicht aus.

Wie die Mutter der Seetiere konnte auch der Mondmann in Zorn geraten, wenn die sozialen Normen allzuoft verletzt wurden. Er strafte dann beispielsweise durch schlechtes Wetter. Der Schamane erfuhr bei seinem Besuch von den Vergehen seiner Gemeinschaft und forderte nach dem Erwachen aus der Ekstase zum offenen Bekenntnis der Regelverletzungen auf. Hier wird deutlich, wie er – begründet aus seinem Umgang mit den überweltlichen Mächten – als Wahrer der gesellschaftlichen Normen und Wertvorstellungen fungierte und Verstöße dagegen auf effektive Weise behandelte. Durch das öffentliche Eingeständnis konnten Spannungen in der Gruppe vermieden und diejenigen, die die Normen verletzt hatten, von ihrer psychischen Last befreit werden.

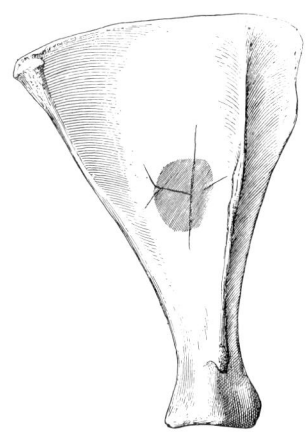

17   Zur Wahrsagung benutztes Rentier-
     Schulterblatt mit Hitzerissen

Zu den weiteren Aufgaben des Schamanen zählten die Suche nach verlorengegangenen Gegenständen und Tieren sowie die Weissagung. Erstere erfolgte meist in einer leichteren Ekstase oder Meditation. Bei der Weissagung bediente der Schamane sich verschiedener Hilfsmittel. Dazu gehörten beispielsweise die Schulterblätter von Tieren, die ins Feuer gelegt wurden, wobei die durch die Hitze entstandenen Risse Auskunft über Bevorstehendes gaben (Abb. 17). Die Samen ermittelten

18  Zur Wahrsagung verwendete ›Zeiger‹ der Samen, gefertigt aus Rengeweih und geschmückt mit Messingketten

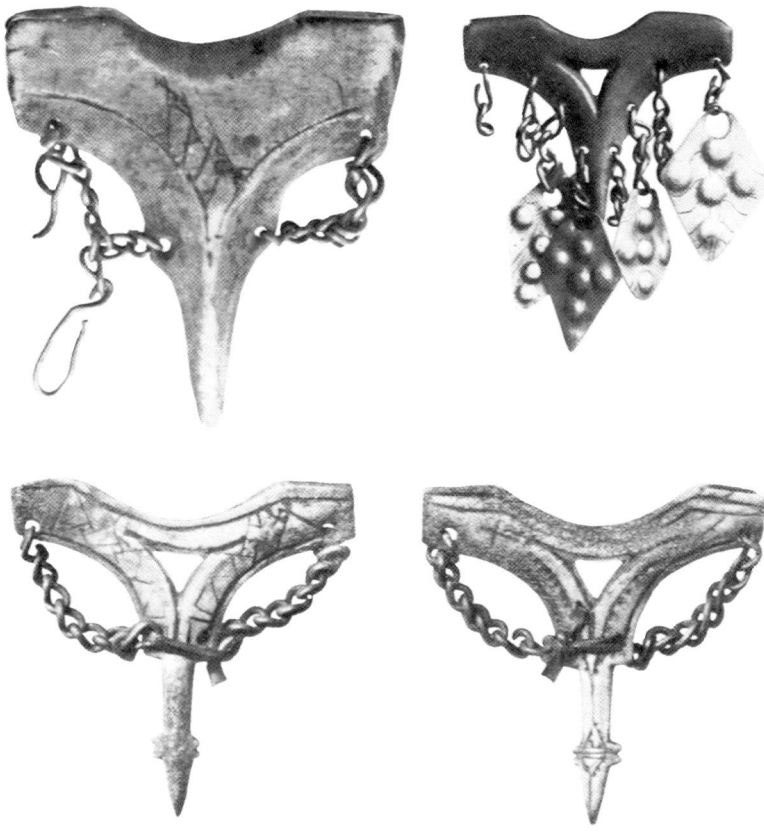

zukünftige Ereignisse aus der Lage eines ›Zeigers‹ aus Rentiergeweih (Abb. 18) oder Knochen, der auf dem Fell der Schamanentrommel durch leichte Schläge auf die Membran in Bewegung versetzt wurde. Die Schamanen anderer Gruppen (z. B. der Evenken) warfen ihren Trommelschlegel und zogen ihre Schlüsse aus seiner Fallage. Bei den Eskimo versuchte man durch Anheben des Kopfes oder Beines mittels einer an einem Stab befestigten Schnur Antwort auf offene Fragen zu erhalten. Je nachdem, ob dazu viel oder wenig Kraft erforderlich war, bedeutete dies Ja oder Nein. Solche Aufgaben führten jedoch stets Schamanen mit geringeren Fähigkeiten aus. Im übrigen konnte ein Schamane bei den verschiedensten gesellschaftlichen Ereignissen aktiv werden – überall dort, wo es galt, Unheil abzuwehren und einen glücklichen Ausgang herbeizuführen: bei Geburten, Eheschließungen, Begräbnissen u. a.

## 6  Die Séance

Séancen sind in großer Zahl beschrieben worden. Beispiele aus aller Welt hat ELIADE zusammengetragen, Pater Wilhelm SCHMIDT gibt sehr detaillierte Berichte aus Zentralasien wieder, Knud RASMUSSEN seine Erlebnisse mit Eskimo-Schamanen. Aus der Vielzahl der Beschreibungen schamanischer Séancen soll hier eine von dem sowjetischen Ethnologen ANISIMOV aufgezeichnete Krankenheilung bei den Evenken an der Steinigen Tunguska in Zentralsibirien den Ablauf einer solchen Zeremonie veranschaulichen.

Wurde ein Schamane nur gerufen, um ein verlorenes Ren zu suchen, die Zukunft vorherzusagen oder ähnliches, dann agierte er in einem gewöhnlichen Zelt. Bei wichtigen Ereignissen, etwa einer Krankenbehandlung, gab er hingegen Anweisung, ein besonderes Zelt zu errichten und eine Reihe zusätzlicher Vorkehrungen zu treffen. Dies geschah unter Beteiligung aller Männer des Lagers, d. h. all seiner Sippengenossen, denn die Evenken hatten eine patrilineare Verwandtschaftsorganisation. Aus den Hinweisen des Schamanen, welche Geisterabbildungen und sonstigen Vorrichtungen im und um das Zelt zu plazieren waren, versuchten die Helfer zu schließen, wie die Séance wohl ablaufen werde. So steigerte sich die Gemeinschaft allmählich in die notwendige Gemütsverfassung hinein. Der Schamane selbst bereitete sich schon Tage vor der Séance durch Fasten, intensives Rauchen und Meditation vor. Er sandte seine Tier-Mutter, sein Alter ego, zu den Ahnengeistern in die Unterwelt, um ihren Willen zu erkunden und Ratschläge einzuholen. Dies geschah bereits in einer leichten Trance. Ihren Anweisungen entsprechend ließ er Zelt und Umgebung vorbereiten.

Im Zelt selbst wurde eine junge Lärche aufgestellt, die aus dem Rauchloch ragte – ein Symbol des Weltenbaumes –, und gegenüber dem nach Osten gerichteten Eingang ein Sitz für den Schamanen bereitet, bestehend aus hölzernen Geisteridolen (Forellen; Abb. 89 A), mit denen er, wenn nötig, auf dem Weltenfluß reisen konnte. Zu beiden Seiten dieses Platzes befanden sich weitere Geisterfiguren, die als Helfer und Wächter des Schamanen fungierten (S. 178; Abb. 89 B, C, E, F). Östlich des Zeltes errichtete man aus Lärchen und verschiedenen anthropomorphen und tiergestaltigen Geisterbildern einen Bereich, der die Oberwelt darstellen sollte. Das Zelt selbst galt als Mittelwelt, als Lebensbereich der Menschen. Im Westen dagegen gab man der Unterwelt mit Hilfe von totem Bruchholz, Lärchen und wiederum von geschnitzten Idolen Gestalt. Ein Zaun aus Lärchen umgab die gesamte Anlage, der Eingang des Zeltes war durch eine besondere Vorrichtung, die nach Eintritt der Teilnehmer geschlossen wurde, gegen das Eindringen feindlicher Geister geschützt.

Mit Einbruch der Dunkelheit begab sich der Schamane ins Zelt, entzündete ein Feuer und rief die Teilnehmer mit einem Vogelschrei herbei. Waren alle versammelt und der Eingang verschlossen, wärmte ein Helfer des Schamanen dessen Trommel über dem Feuer an und kleidete ihn in seine Tracht, die aus Rock, Brustlatz, Fußbekleidung, Mütze und Handschuhen bestand.

Der Schamane nahm Platz, das Feuer wurde gedämpft, und er begann auf seiner Trommel zu schlagen und die Hilfsgeister herbeizurufen. In dem nun folgenden Gesang beschrieb er jeden einzelnen dieser Hilfsgeister ausführlich, wies auf seine Verdienste und Fähigkeiten hin, ließ die Zuhörer seinen Weg zum Zelt miterleben und schließlich seine Stimme vernehmen. Die eingetroffenen Helfer nahm er anschließend in sich auf, indem er seinen Mund wie zu einem Gähnen öffnete. So versammelte er nach und nach, untermalt von Trommelrhythmen, die Schar seiner Hilfsgeister.

19  Evenkisches Schamanengewand, Vor-
    deransicht (Museum für Völkerkunde,
    Göttingen)

20  Evenkisches Schamanengewand, Rück-
    ansicht (Museum für Völkerkunde, Göt-
    tingen)

War dies vollbracht, wies er ihnen ihre jeweiligen Aufgaben zu, stellte sie zur Bewachung ab oder behielt sie zur weiteren Verfügung bei sich. Sein Alter ego, d. h. seine eigene Seele in Tiergestalt, sandte er nun mit einem Gefolge von Begleitern hinab in die Unterwelt zum größten der Ahnengeister, um von ihm Näheres über die Ursachen der zu kurierenden Krankheit zu erfahren. Der Weg in die Unterwelt führte entlang des Weltenbaumes. Konnte der Ahnengeist nicht helfen, mußte eine weitere Reise unternommen werden, diesmal in die obere Welt zur höchsten Gottheit.

Bei der Beschreibung dieser Fahrt geriet der Schamane ganz und gar in Ekstase. Seine Gesänge wurden nun begleitet von Bewegungen, Schreien, der Nachahmung von Geisterstimmen und -dialogen. Er steigerte sich immer mehr. Endlich übergab er die Trommel seinem Assistenten, der sie weiter schlug, und begann zu tanzen. Dazu vollführte er Luftsprünge, wirbelte an Riemen umher, die man vorher im Zeltinnern angebracht hatte, und stellte die Unterweltsfahrt mit allen ihm zur Verfügung stehenden mimetischen Mitteln dar. Die Zuschauer verfielen ebenfalls in einen tranceähnlichen Zustand und erlebten das jenseitige Geschehen mit. Schließlich stürzte der Schamane, mit Schaum vor dem Mund, zu Boden. Seine Seele befand sich nun im Land der Toten, und zwar in Gestalt des Alter ego, der eigene Körper lag steif und leblos im Zelt. Der Gehilfe entfachte von neuem das Feuer und begann, den Schamanen bzw. seine Seele zurückzurufen. Nach und nach gab dieser wieder Lebenszeichen von sich und berichtete – zuerst flüsternd – von seinen Erlebnissen, die der Helfer der Zuhörerschaft mitteilte. Allmählich wurde er lauter, erhob sich und stellte unter ständiger Trommelbegleitung seine Rückreise pantomimisch dar. Feuerschein und Trommelschläge dienten der zurückkehrenden Seele als Wegweiser. Die Ekstase legte sich, und der Schamane trug vor, was er in der Unterwelt über die Krankheit erfahren hatte. Damit endete der erste Teil der Séance.

Nun begann die eigentliche Behandlung des Kranken. Erneut griff der Schamane zur Trommel. Zugleich führte er einen Dialog mit dem Geist der Krankheit, der sich im Körper des Patienten befand. Die Auseinandersetzung verschärfte sich, der Schamane setzte abermals zum Tanz an und veranschaulichte auf diese Weise seinen Kampf mit dem Krankheitsdämonen. Nachdem seine exorzistische Bemühung – in der

21   Metallbehang und Stoffpuppen an dem in Abb. 19 und 20 dargestellten Gewand

hier wiedergegebenen Séance – erfolglos blieb, beriet er sich mit den Hilfsgeistern. Auf Empfehlung seines Alter ego behandelte er die von der Krankheit befallene Körperpartie durch Reiben mit verschiedenen Fellstücken, Federn und Geweihteilen. Da auch dies nicht half, mußte er erneut seine Geister zu Rate ziehen. Man beschloß, dem Dämonen ein Tier als Ersatz anzubieten, in das er übergehen sollte, und schaffte dazu ein Ren herbei, das der Kranke an einer Leine halten mußte. Durch diese Verbindungsschnur sollte der Dämon in den Tierkörper wechseln. Im Augenblick seines Eindringens erhielt es den Todesstoß, das Fell des Rens opferte man der Gottheit, das Herz, in dem der Übeltäter nun saß, nahm der Schamane und biß ein Stück davon ab, das er dann in die Höhlung eines zu diesem Zwecke bereitgehaltenen hölzernen Geisteridols spie. Das Loch wurde rasch verschlossen, und der Krankheitserreger saß gefangen, um in die Unterwelt befördert zu werden.

Anisimov erwähnt, daß der Dämon es nicht selten verstand, den Schamanen zu täuschen und trotz aller Listen im Körper des Leidenden verblieb. In einem solchen Fall bestrich man den Kranken mit dem Blut des getöteten Rens, legte ihn auf das Fell des Tieres und lockte den Ungeist so heraus. Während der Krankheitsdämon sich an dem Blut weidete, leckte der Schamane es geschwind auf und spie es mit dem darin eingegangenen Geist wiederum in die Öffnung eines hölzernen Idols, um den Übeltäter zu bannen und ins Jenseits zurückbefördern zu können.

Schlug auch dies fehl, versammelte sich die ganze Schar der Hilfsgeister um den Kranken. Der Schamane beschrieb nun in seinen Gesängen den dramatischen Kampf mit dem Feind und stellte ihn zudem durch Bewegungen dar. Auf dem Höhepunkt der Auseinandersetzung zog einer der Hilfsgeister, eine Gans, den Krankheitserreger mit ihrem Schnabel aus dem Mageninhalt des Patienten, wohin er sich angesichts der Bedrohung verkrochen hatte.

Der sich anschließende dritte Teil bildete den Höhepunkt der Séance. Die Hilfsgeister umstellten und malträtierten ihren dämonischen Gefangenen auf jede erdenkliche Weise, einige verrichteten gar ihre Notdurft auf ihm. Diese Bestrafung stellte der Schamane in höchster Ekstase dar. Die Zuschauer erlebten seinen Kampf, veranschaulicht durch wilden Tanz und erklärende Wortfetzen, und gerieten

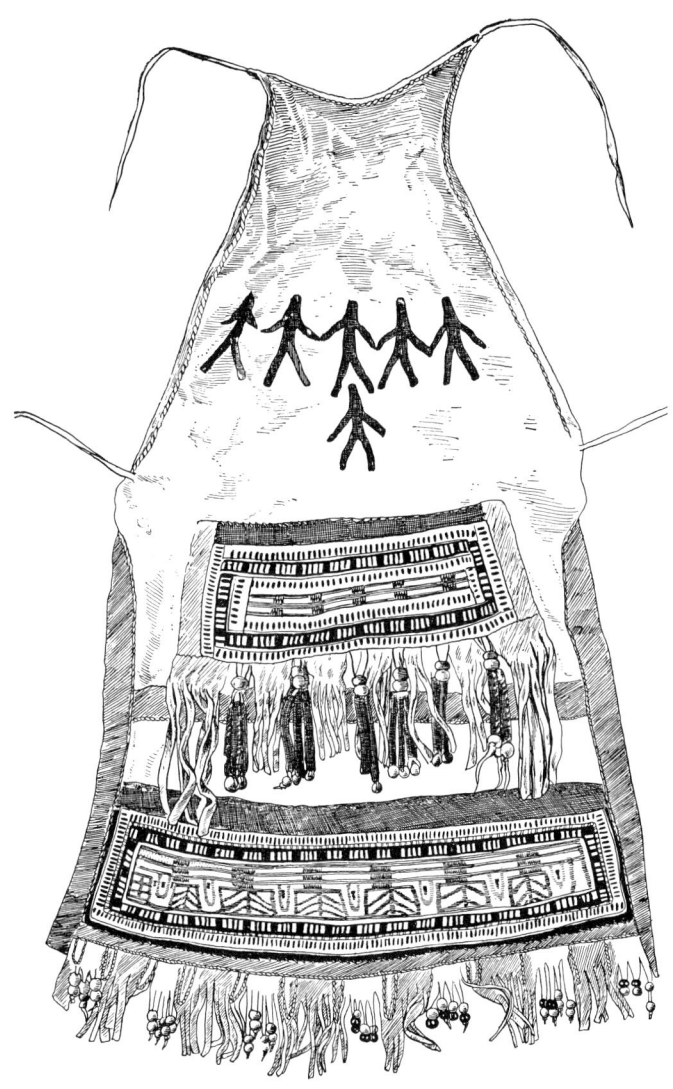

22 Brustlatz eines evenkischen Schamanen aus Rentierleder. Die applizierten
Stoff-Figuren stellen Hilfsgeister dar (um 1900)

dabei selbst in einen ekstaseähnlichen Zustand. Die charakteristischen Laute der Tiergeister waren zu vernehmen, die Trommel dröhnte, Brandasche und Funken aus der Feuerstelle stoben durchs Zelt.

Der Schamane und seine Hilfsgeister geleiteten den Krankheitserreger nun in die Unterwelt, wo er von einem der vogelgestaltigen Hilfsgeister verschlungen und über einem Abgrund defäkiert wurde. War man der Überzeugung, daß der Schamane eines feindlichen Klans den Krankheitsdämon herbeibeschworen hatte, sandte man jetzt die Hilfsgeister unter Führung des Alter ego aus, um an diesem Auftraggeber Rache zu nehmen und ihn zu bestrafen.

War auch dies vollbracht, hatte der Schamane noch eine Himmelsreise anzutreten und dem höchsten Gott für seine Hilfe zu danken. Nach Opferung eines Rentiers bestieg er, wiederum in Trance und mit Gesang, den Weltenbaum, gelangte durch die verschiedenen Sphären der Oberwelt zum Herrn des Himmels und überbrachte ihm ein Idol als Geschenk. Der hohe Gott betraute ihn auch für die Zukunft mit dem Schutz der Seele des Kranken und entließ ihn wieder in die Menschenwelt.

Damit war die Séance im wesentlichen beendet. Zu Zeiten ANISIMOVS schloß sich noch ein Gebet an den Christengott an – ein Tribut an vordringende europäische Einflüsse, die man in die traditionelle Vorstellungswelt zu integrieren suchte.

Im Anschluß an die Séance sagte der Schamane den Anwesenden die Zukunft voraus und beantwortete Fragen. Ersteres geschah mit Hilfe eines Ren-Schulterblattes, das auf glühende Kohlen gelegt wurde; die dabei entstehenden Risse dienten der Weissagung (Abb. 17). Um Antwort auf Fragen aus dem Kreis der Gemeinschaft zu finden, warf der Schamane eine Rassel. Je nachdem, wie sie fiel, erhielt der Fragende eine positive oder negative Auskunft.

Soweit ANISIMOVS Bericht, der auf Feldforschungen in den zwanziger und dreißiger Jahren unseres Jahrhunderts beruht. Der Forscher selbst bekannte sich zwar zum Marxismus und Atheismus, räumte aber ein, daß ihn das Erlebnis der Geistheilung tief beeindruckte.

Die geschilderte Séance bei den Evenken enthält alle wesentlichen Elemente schamanischer Tradition: die Unterweltsreise, die Himmelfahrt und den Kontakt mit den Göttern, das Wirken der Hilfsgeister, den Appell an die Ahnengeister, schließlich den Kampf mit dem

Dämonen. Als Besonderheit kann gelten, daß die Tier-Mutter, das Alter ego, als Haupthilfsgeist in Erscheinung tritt. Auch die Tatsache, daß der Schamane sein zweites Ich aussendet und somit in doppelter spiritueller Gestalt präsent ist, verdient Beachtung.

Der äußere Ablauf des Geschehens darf gleichfalls als typisch gelten: Versetzung in Ekstase durch meditative Vorbereitung, Fasten und Gebrauch von Stimulanzien, erregendes und entgrenzendes Trommel-schlagen, ekstatischer Tanz, lyrische und theatralische Wiedergabe der visionären Erlebnisse, kataleptische Starre auf dem Höhepunkt der Ekstase. Einige Details, die von anderen Séancen berichtet werden, tauchen in ANISIMOVS Schilderungen allerdings nicht auf, so das Verschlucken glühender Kohlen oder Eisenstücke, das Durchbohren des eigenen Körpers mit dem Messer und die Fesselung des Schamanen. Bei vielen Ethnien vollzogen sich Séancen im übrigen weit weniger dramatisch und auch weniger differenziert.

Über den künstlerischen Gehalt der Aufführung, über die Gesänge, die Pantomimen und vor allem die Tracht und Paraphernalia des Schamanen wird im folgenden (Kap. III, IV) ausführlicher zu berichten sein.

# 7 Arten und Klassen von Schamanen

Allgemein gesprochen, bestimmte die Intensität seiner Beziehungen zu den jenseitigen Mächten, seine individuelle Befähigung/Leistung und seine Position innerhalb des sozialen Feldes den Status eines Schamanen.

Beginnen wir mit der Betrachtung der sozioökonomischen Faktoren. Unter diesem Aspekt lassen sich in Nordasien (der Klassifizierung der finnischen Schamanismus-Forscherin SIIKALA folgend) vier Typen von Schamanen unterscheiden. Bei den Evenken, den tungusischen Gruppen am Amur (Nanay, Orochen), den paläoasiatischen Jukagiren Nordostsibiriens, den samojedischen Selkupen Westsibiriens und auch einigen Ethnien des Altai wirkten sogenannte Klan-Schamanen. In der Sozialorganisation dieser Völkerschaften von Jägern, Fischern und Viehzüchtern zeichneten sich mehr oder weniger fest gefügte Gruppen ab, die sich durch reale oder fiktive Verwandtschaftsbeziehungen vereint fühlten und auch ökonomisch relativ eng verbunden waren. Hier wirkte der Schamane in aller Regel für seinen Klan, in dem er hoch geachtet und einflußreich war; umgekehrt benötigte er zur Ausübung seines Amtes die Anerkennung seiner Gruppe.

Bei den Nganassanen war die Klan-Organisation hingegen ohne Bedeutung. Die weit verstreut lebenden Rentierhirten der Tundra wohnten in kleinen Gruppen, deren Mitglieder nicht notwendig in verwandtschaftlicher Beziehung standen, jedoch gemeinsame ökonomische Interessen hatten. Diese Lokalgruppen bildeten das soziale Umfeld des Schamanen, der von Siikala als Kleingruppen-Schamane bezeichnet wird und als solcher auch bei Teilen der oben genannten Ethnien nachweisbar ist. Einige Eskimo-Gruppen der amerikanischen Arktis lassen sich ebenfalls hier einordnen.

Ein dritter Typus, der sozusagen unabhängige Schamane, fand sich bei den nordostasiatischen Tschuktschen und Korjaken. Die Schamanen dieser Ethnien von Rentierhirten und Seesäugerjägern waren an keine verwandtschaftliche oder durch ökonomische Interessen bestimmte Gruppe gebunden. Sie agierten allein für eine Anhängerschaft, die Vertrauen in ihre Fähigkeiten hatte. Im Unterschied zum Klan-Schamanen unterlagen sie auch keiner Kontrolle durch ältere Berufskollegen und hatten sich keiner Ausbildung, Weihe oder Prüfung zu unterziehen.

Daneben kannte man bei Tschuktschen und Korjaken noch den Haus- oder Familien-Schamanismus: Ein Familienmitglied, oft das Oberhaupt, vollzog dabei Riten, die Angelegenheiten des täglichen Lebens, wie z. B. der Jagd, betrafen und bei anderen Ethnien echten Schamanen vorbehalten waren. Ähnliches wird berichtet von den Naskapi, subarktischen Indianern der Labrador-Halbinsel.

Über eine vierte Kategorie von Schamanen, die regional aktiv waren und ihre Tätigkeit professionell ausübten, wird vor allem von südsibirischen und zentralasiatischen Hirtennomaden und Viehzüchtern berichtet. Besonders ausgeprägt war dieser Regional-Schamanismus bei den mongolischen Burjaten, daneben ist er für die turksprachigen Jakuten, Sojoten, Chakassen, Altaier und auch für die transbaikalischen Evenken nachgewiesen. Die Schamanen dieser Kategorie erlangten oft großen gesellschaftlichen Einfluß, sie kontrollierten die Ausbildung des Nachwuchses und konstituierten – so Siikala – eine Art

Körperschaft. Eine Bindung an den Klan oder eine vergleichbare soziale Einheit existierte nicht mehr. Der Aktionsradius erstreckte sich auf eine ganze Region.

Die Herausbildung solcher Strukturen verwundert nicht, handelte es sich hier doch um Gesellschaften, die sich sozial bereits mehr oder weniger stark differenziert hatten. Dem entspricht auch die Tendenz, sich an den entstehenden oder bereits vorhandenen Stammesadel anzulehnen bzw. ihm zuzuarbeiten. Man erinnere sich der auf S. 54 erwähnten Ermahnung an den burjatischen Novizen, zuerst zu den Armen zu gehen und diesen keine unangemessenen Forderungen zu stellen. Solche Verhaltensregeln werden erst dann notwendig, wenn es entsprechenden Handlungsweisen zu begegnen gilt.

Nach der Art der Beziehungen zu den Göttern und Geistern unterschied man mancherorts schwarze und weiße Schamanen. Sicher belegt ist dies allerdings nur für die Burjaten sowie im Altai und Sajan; bezüglich der Jakuten, Samojeden u. a. Ethnien liegen widersprüchliche Aussagen vor. Die Altaier kannten zudem noch eine dritte Kategorie, die schwarz-weißen Schamanen.

Die Auffassung, daß es sich bei den schwarzen um böse, bei den weißen um gute Schamanen handele, ist – wie Paulson zu Recht anmerkt – kaum zutreffend. Erstere waren vielmehr für den Kontakt zu den Dämonen und Geistern der Unterwelt zuständig, letztere für die Kommunikation mit den Göttern und Wesen des Himmels. *Beide* waren bei dieser ›Arbeitsteilung‹ für das Wohlergehen der Gemeinschaft unverzichtbar. Der schwarze Schamane diente durch seine weit gefährlicheren Unterweltsreisen seinen Mitmenschen ebenso wie der weiße, kann also trotz seiner gefürchteten Ansprechpartner nicht als böse etwa im Sinne schwarzer Magie charakterisiert werden. Schwarz-weiße Schamanen besaßen die Fähigkeit, die Himmels- ebenso wie die Unterweltsfahrt durchzuführen. Eliade erwähnt, daß bei den Altaiern weibliche Schamanen stets schwarze gewesen seien.

Dem Gegensatz von schwarzen und weißen Schamanen entspricht eine stark ausgeprägte Zweiteilung des Pantheons: hier Herren und Geister des Himmels, dort solche der Unterwelt. Wie eingangs erwähnt (S. 13 f., 16), bringen einige Wissenschaftler diesen Dualismus mit Einflüssen aus Südasien, insbesondere aber mit altiranischen religiösen Konzeptionen in Verbindung.

Äußerlich unterschieden sich schwarze und weiße Schamanen durch die Art ihrer zeremoniellen Kleidung. Die Ausstattung schwarzer Schamanen war in der Regel reichhaltiger und wies andere Farben auf als die der weißen. Weiße Schamanen konnten im übrigen auch ohne besonderes Gewand agieren.

Weniger bekannt ist die bei den Keten, einer paläosibirischen Gruppe am Jenissei, gebräuchliche Klassifizierung der Schamanen in fünf Kategorien, entsprechend dem Wesen, das sie zu verkörpern vermochten: Bär, Libelle, Renkuh, zwei mythische Wesen. Jede dieser fünf Gruppen hatte – wie der sowjetische Forscher ALEKSEENKO ausführt – ihre besonderen übernatürlichen Beschützer. Von den Schamanen der mächtigsten Gruppe, den Libellen-Schamanen, weiß man, daß sie nur im Sommer tätig werden konnten.

Erwartungsgemäß differenzierte man überall nach den Fähigkeiten, über die ein Schamane verfügte. Oft kannte man dabei allerdings keine festen Kategorien, sondern unterschied einfach fähige und weniger fähige Schamanen. Manchmal wurden die Schamanen freilich sehr präzise und unter Verwendung spezifischer Bezeichnungen qualifiziert.

Die Ostgrönländer (aber auch andere Eskimo) kannten neben den eigentlichen Schamanen, den *angakkut,* noch die *qilallit* – zumeist Frauen, die sich dem Wahrsagen widmeten und in leichteren Fällen Heilungen durchführten. Unter den *angakkut* differenzierte man demgegenüber zwischen großen und schwachen Schamanen. Die samojedischen Nenzen, Enzen und Selkupen kannten drei Grade: große, mittlere und kleine Schamanen, für die jeweils eigene Begriffe gebräuchlich waren. Diese drei Grade unterschieden sich zugleich nach der Art ihres Kontaktes zum Jenseits. Nur die großen Schamanen hatten die Kraft, eine Himmelsreise zu unternehmen und schwere Krankheiten zu heilen. Sie allein besaßen eine vollständige Schamanenausrüstung.

# 8 Männliche und weibliche Schamanen; Transvestitismus und Geschlechtswandel

Es gab sowohl männliche als auch weibliche Schamanen. Einige Ethnologen vertreten die Meinung, ursprünglich sei dieses Amt Frauen vorbehalten gewesen und erst mit dem Untergang matriarchalischer Gesellschaftsstrukturen hätten zunehmend auch Männer die Funktionen der Schamaninnen übernommen. Die vorliegenden Zeugnisse bieten indessen wenig Anlaß, dieser These zu folgen. Wenn auch zuweilen von der Dominanz der Schamaninnen berichtet wird – nur in ganz wenigen Fällen sind solche Aussagen unzweifelhaft –, so stimmt doch die überwiegende Mehrzahl der Quellen darin überein, daß männliche Schamanen größeres Gewicht besaßen. Zumeist wurden Schamaninnen nur für untergeordnete Aufgaben herangezogen. In Einzelfällen erweiterte der Ruhm ihrer Erfolge allerdings ihre Stellung und ihren Aktionskreis beträchtlich.

Die allgemein stärkere Stellung der Männer kann kaum überraschen, entsprach sie doch den gesellschaftlichen Verhältnissen bei den betreffenden Ethnien.

Eine insgesamt größere Bedeutung scheint den Frauen vor allem bei den paläoasiatischen Gruppen Nordostasiens zugekommen zu sein, etwa bei den Tschuktschen und Korjaken. Frühe Berichte besagen, daß bei den Itelmen auf der Halbinsel Kamtschatka, einer anderen paläoasiatischen Ethnie, alle Frauen Zauberer und Traumdeuter gewesen seien, doch hört man auch von männlichen Schamanen. Erschwert wird die Beurteilung hier allerdings dadurch, daß bei den Itelmen der Schamanismus insgesamt weniger differenziert war als bei anderen nordasiatischen Völkern. Eine eindeutig weibliche Domäne stellte er hingegen bei den chilenischen Araukanern (Abb. 23) dar, deren Rituale deutlich an die der Altaier erinnern.

Als besondere Phänomene des Schamanentums verdienen Transvestitismus und Transsexualismus Beachtung. Verhältnismäßig weit verbreitet war der Transvestitismus. In Sibirien wie in Zentralasien, in Nordamerika wie auch in verschiedenen anderen Regionen flochten Schamanen sich gelegentlich die Haare nach Art der Frauen, trugen Frauenkleidung oder Teile femininer Tracht. In der evolutionistischen Interpretation erscheint dies als ein Beleg für ein ursprünglich weib-

23   Araukanische Schamanin (Chile) auf dem Weltenbaum

liches Schamanentum: Als schließlich auch Männer Schamanen wurden, mußten sie die traditionelle, weiblich geprägte Ausstattung übernehmen. Plausibler klingt die These, daß die femininen Elemente der rituellen Bekleidung männlicher Schamanen die Überschreitung und Verkehrung des Profanen zum Ausdruck bringen sollten – eine Funktion, die die Schamanentracht insgesamt erfüllte.

Am ausgeprägtesten zeigte sich die transvestitische Tendenz wiederum bei den Tschuktschen (Abb. 24), Korjaken und Itelmen. Hier kam es in Einzelfällen vor, daß sich Schamanen nicht nur weiblich kleideten und Frauenarbeit verrichteten, sondern daß ihr Transvestitismus und die Übernahme der sozialen Rolle der Frau in Transsexualismus überging. Solche Personen führten sogar Ehen mit männlichen Partnern und verkehrten – wie BOGORAS erfuhr – geschlechtlich mit ihren Gatten. Umgekehrt kam es vor, daß ältere Schamaninnen jenseits des Klimakteriums männliche Gewohnheiten annahmen und sich mit einer jungen Frau verheirateten.

Transvestitismus und Transsexualismus wurden bei den genannten Völkern mit Geistergeboten begründet, die zugleich den jeweiligen Grad des Wandels bestimmten. Oft dürften auch gleichgeschlechtliche Neigungen der Betroffenen eine Rolle gespielt haben, es geschah jedoch nicht selten, daß Schamanen, die solche ›Ehen‹ führten, weiterhin sexuelle Kontakte zum anderen Geschlecht pflegten. Im übrigen ist nicht auszuschließen, daß der sexuelle Aspekt in vielen dieser ›Ehegemeinschaften‹ ohne jede Bedeutung war.

Die Tschuktschen erklärten sich transsexuelle Orientierungen damit, daß die betreffenden Schamanen Geistergatten hätten. BOGORAS, der Erforscher der Tschuktschen, erlebte selbst eine Séance, die von einem solchen transsexuellen Schamanen abgehalten wurde; dieser gab vor, mit einem päderastischen spirituellen Partner Umgang zu pflegen. Transsexuelle Schamanen galten als besonders mächtig und gefährlich.

Auch bei einigen Eskimo-Gruppen und zahlreichen nord- und südamerikanischen Indianern hat man transvestitische und transsexuelle Phänomene beobachtet, jedoch nicht notwendig in Verbindung mit dem Schamanentum.

24  Transvestiten-Schamane bei den Tschuktschen (um 1900)

# 9 Der soziale Status des Schamanen

Diese Thematik, die ansatzweise schon behandelt wurde (S. 69 ff.), soll hier abschließend noch einmal aufgegriffen werden. Bei allen Unterschieden in der Sozialstruktur der jeweiligen Ethnien und in der spezifischen Position eines Schamanen kann als gemeinsames Merkmal hervorgehoben werden, daß er überall hoch geachtet, ja zuweilen gefürchtet war und meist im Zentrum des gesellschaftlichen Lebens stand. Dies verwundert nicht, vergegenwärtigt man sich, welche Aufgaben dem Schamanen zufielen. In seiner Person vereinte er die Funktionen eines Heilers, eines Priesters, eines Helfers und eines Wetterpropheten oder -regulators. Er hatte Einfluß auf die Nahrungsquellen und konnte die Toten ebenso wie auch übernatürliche Mächte besänftigen. In Ausübung dieser Ämter wirkte er zugleich als Hüter sozialer Normen, als Schlichter, Ratgeber, Wahrer der traditionellen Überlieferung, Dichter, bildender Künstler und Schauspieler. Doch zog ein Schamane aus seiner zentralen gesellschaftlichen Position nur in wenigen Fällen materiellen Nutzen; noch seltener, daß er politische Macht errang. Bei den meisten Ethnien mußte er wie jedes andere Mitglied der Gemeinschaft seinen Lebensunterhalt selbst erarbeiten. Zwar wurden ihm seine Dienste entgolten, doch war die Bezahlung den erbrachten Leistungen und dem zeitlichen Aufwand nicht immer äquivalent. Außerdem wurden schamanische Handlungen zum Wohle der ganzen Gemeinschaft üblicherweise nicht entlohnt. In Gesellschaften mit Herrschaftsstrukturen waren die großen und einflußreichen Schamanen den führenden Schichten verbunden, so etwa bei den Indianern der Nordwestküste, bei den Burjaten oder Jakuten. In Gemeinschaften ohne politische Funktionsträger fiel dem Schamanen oft auch eine solche Aufgabe zu. In Ermangelung eines Machtapparates konnte er dabei allerdings ausschließlich durch seine starke Persönlichkeit wirken.

# III  Die Ausrüstung des Schamanen und ihre Symbolik

## 1  Allgemeines

In seiner Ekstase überschritt der Schamane die Grenzen der profanen Welt, um mit jenseitigen Mächten in Verbindung zu treten. Er suchte sie entweder in ihren jeweiligen Seinsbereichen (Himmel, Unterwelt, Totenreich) auf oder rief sie herbei und ließ sie in seinen Körper eintreten. Da er stets im Dienste einer sozialen Gruppe handelte, wenn er mit Geistern, Göttern oder Dämonen Umgang pflegte, mußte er den Menschen, für die er wirkte, seine seelischen Erlebnisse auch mitteilen und äußerlich darstellen. Die Formen, in denen dies geschah, die Mittel, deren er sich dabei bediente, und die Inhalte, die er vermittelte, entstammten dem Brauchtum und der religiösen Überlieferung seiner Gemeinschaft. Er bewegte sich in traditionell vorgegebenem Rahmen. Nichtsdestoweniger waren seine ekstatischen Erlebnisse, sakralen Handlungen und künstlerischen Ausdrucksformen stets auch individuell geprägt.

In der oben wiedergegebenen Beschreibung einer Séance (S. 61 ff.) wurden bereits die vielfältigen Möglichkeiten des Schamanen erwähnt, sich mitzuteilen. Zum einen verfügte er über eine bestimmte materielle Ausstattung: seine Tracht mit ihren verschiedenen Bestandteilen, die Trommel und weitere Instrumente. Alle diese Paraphernalia müssen als gegenständlicher Ausdruck religiöser Vorstellungen und kosmologischer Konzeptionen angesehen werden. Schon ihre spezifische Auswahl und ihr Einsatz in der Séance gaben den Anwesenden vielfältige Hinweise. Zum anderen beherrschte der Schamane ein breites Repertoire verbaler und non-verbaler Kommunikationsformen; dazu zählten die Rezitation von Gedichten, der Vortrag von Liedern und Sprechtexten, gehörten Tanz, Pantomime und eine Reihe von Kunstgriffen (oft abfällig als Taschenspielertricks bezeichnet). Mit Hilfe dieser Ausdrucksformen ließ der Schamane seine Zuschauer bzw.

Zuhörer an dem Geschehen teilhaben, das er in jenseitigen Sphären durchlebte. Er transponierte damit gleichsam Vorgänge, die seinen Mitmenschen sonst undurchschaubar waren, ins Diesseits und schuf in der Séance eine Verbindung zwischen den Welten.

Die Mittel und Formen, in denen Transzendentes Darstellung fand, hatten nicht nur sakralen, sondern auch künstlerischen Charakter. Sie dienten der schöpferischen Ausgestaltung und Sichtbarmachung der traditionell überlieferten Jenseitsvorstellungen. Aber auch die Gemeinschaft, für die der Schamane wirkte, hatte daran Anteil. Lediglich die ›darstellenden Künste‹ fanden ihren Platz überwiegend in der Séance selbst und oblagen primär dem Schamanen. Die Herstellung der dabei verwendeten Tracht und des Zubehörs ging dem voraus und war das Werk vieler, oft der ganzen Gemeinschaft. In die symbolhafte und künstlerische Gestaltung des Jenseitigen, die in der Séance ihren Höhepunkt fand, waren die dabei Anwesenden also von Anbeginn einbezogen.

Wir wollen uns zunächst diesen Produkten kollektiver künstlerischer und handwerklicher Betätigung zuwenden, d. h. der materiellen Ausstattung des Schamanen. Zu seinem Kostüm gehörten als Hauptstücke ein Mantel oder Kaftan sowie eine Kopfbedeckung. Dazu kamen häufig ergänzend Brustlatz, Gürtel, Handschuhe und Stiefel. Auch das Gesicht des Schamanen wurde während der Séance häufig verdeckt, entweder durch eine Maske oder durch Teile des Kopfputzes. Wichtigstes Instrument fast aller Schamanen war die Trommel. Daneben benutzten sie eine Reihe anderer Gegenstände, wie z. B. Rasseln, Stäbe

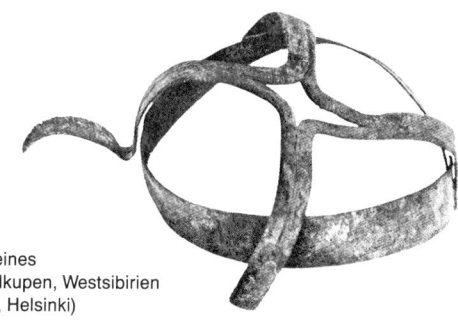

25   Eiserner Kopfputz eines
     Schamanen der Selkupen, Westsibirien
     (Kansallis-Museum, Helsinki)

26  Mantel eines jukagirischen Schamanen mit Metallbehang und Gefiedersymbolik, Nordostsibirien (um 1900)

27   Derselbe Mantel, Rückseite

und (meist hölzerne) Figuren verschiedenster Art. Nur selten umfaßte eine Ausrüstung allerdings sämtliche erwähnten Bestandteile. Die komplexesten Trachten besaßen zweifellos die sibirischen und zentral-asiatischen Schamanen; dagegen begnügte man sich bei den Eskimo in der Regel mit Trommel, Amulettgürtel und (gelegentlich) Maske.

Diese Sakraltracht hatte Symbolgehalt. In ihr manifestierte sich der vom Schamanen vollzogene Übertritt aus der profanen Welt in den transzendenten Bereich. Bereits mit dem Anlegen der Kleidungsstücke begann seine Absonderung vom Diesseits. Der kosmische Dualismus von Menschenwelt und Übernatürlichem, der auch das Denken jener Völkerschaften prägte, bei denen Schamanen wirkten, fand seinen sinnfälligen Ausdruck in der Inszenierung des Schamanen als eines Grenzgängers, der zwischen beiden Sphären vermitteln sollte. In seiner Ausrüstung verkehrte sich das Normale, das Gewohnte, das Natürliche ins Gegenteil. Von der herkömmlichen Kleidung sich abhebend, symbolisierte sie in vielen Fällen ein Tier (Vogel, Ren, Bär), enthielt Bestandteile weiblicher Garderobe oder entsprach insgesamt einem Frauenkostüm: Nicht-Alltägliches ersetzte Alltägliches, Tierisches Menschliches, Weibliches Männliches. Bei einigen Eskimo-Gruppen agierte der Schamane nackt. Auch dies läßt sich als Ausdruck seines Andersseins interpretieren.

Der Symbolgehalt der Tracht erschöpfte sich jedoch nicht in dieser generellen Verkehrung des Profanen. Man betrachtete sie zugleich als eine Art Ausrüstung, die mit ihren vielfältigen Bestandteilen während der gefährlichen Jenseitsreise gegen die Angriffe übelwollender Dämonen und Geister schützte. Auch verhüllte sie den Schamanen und verbarg ihn so vor seinen Feinden. Darüber hinaus wurden das Kostüm und die sonstigen Ausrüstungsgegenstände als Instrumente im Kampf gegen das Böse eingesetzt. Die diversen Paraphernalia waren von hilfreichen Geistern und positiven Kräften besessen, deren Unterstützung der Schamane bei der Ausführung seines Auftrages bedurfte. Die spirituelle Kraft, die der Tracht innewohnte, konnte allerdings nur vom Schamanen selbst gemeistert werden. Gewöhnlichen Sterblichen drohte hingegen Gefahr beim Kontakt mit ihr. Das erklärt den Brauch mancher Völker, die Sakralkleidung des Schamanen nach seinem Tod fernab im Wald aufzuhängen oder am Grab zu deponieren. Andererseits konnten die Ausrüstungsgegenstände bei unsachgemäßer Behandlung ihre spirituelle Kraft verlieren. So durften sie meist nicht von Frauen, insbesondere menstruierenden, die als unrein galten, berührt werden. Beim Umzug zu anderen Lagerplätzen packte der Schamane sein Kostüm und seine Instrumente auf ein besonderes Tragtier (Ren, Pferd), das man nicht zur alltäglichen Arbeit verwendete.

Die Tracht insgesamt stellt meist ein Tier dar, dessen Eigenschaften und Kräfte – natürliche wie übernatürliche – auf den Schamanen übergingen. So manifestierte sich beispielsweise in einem vogelgestaltigen Gewand seine Flugfähigkeit, aber auch die Macht, Unheil abzuwehren, die bestimmten Vögeln (z.B. dem Uhu) zugeschrieben wurde. Oft glaubte man, daß der Tracht ein Geistertier innewohne (Ren, Vogel), das dann als wichtigster Helfer des Schamanen galt.

Rang und Aktionsfeld (Himmel, Unterwelt) eines Schamanen ließen sich ebenfalls an seinem Äußeren erkennen. Große, erfahrene und mächtige Amtsträger unterschieden sich in der Regel von ihren weniger qualifizierten Kollegen durch eine reichhaltigere und komplexere Tracht, die im Verlauf ihres Wirkens ergänzt und weiter ausgestaltet wurde. Der Grad der schamanischen Befähigung fand auf diese Weise sichtbaren Ausdruck. Die oben erwähnten schwarzen und weißen Schamanen waren schon an ihrer unterschiedlichen Sakraltracht zu erkennen. Erstere besaßen in der Regel ein reich ausgestattetes Kostüm, dessen einzelne Stücke die Verbindung zur Unterwelt andeuteten; letztere agierten oft nur mit einem rudimentären Gewand oder in Alltagskleidung.

Nach diesen notwendigerweise summarischen Bemerkungen zur allgemeinen Bedeutung der Schamanenausrüstung sollen nun ihre verschiedenen Typen näher betrachtet werden. Dabei liegt das Hauptaugenmerk auf den Völkern Nord- und Zentralasiens, wo das Schamanenkostüm seine komplexeste Form hatte.

## 2  Die Haupttypen des Schamanenkostüms

Die tiergestaltigen Schamanentrachten bildeten zweifellos die größte und wichtigste Gruppe. Zu vogel- und cervidenartigen Typen traten dabei solche, die Bären symbolisierten. In seltenen Fällen verkörperte das Kostüm auch andere Tiere (z.B. eine Libelle bei den Keten am Jenissei) oder Fabelwesen.

Die größte Variationsbreite wiesen die vogelgestaltigen Trachten auf: Sie stellten Uhu, Adler, Ente, Weihe oder auch Hühnergeier dar; bei den cervidenartigen fanden sich Ren, Hirsch und Rehbock. Schmidt unterscheidet zusätzlich einen Skelett-Typ, der allerdings Übergänge zu den tiergestaltigen Formen erkennen läßt, denn auch bei diesen war der Mantel oft mit (eisernen) Knochennachbildungen verziert. In einigen Fällen – wo das Skelett des Gottes der Toten und der Unterwelt die Tracht schmückte (wie von den Jakuten berichtet wird) oder das Gerippe eines Heroen (wie bei den Evenken) – muß aber wohl tatsächlich von einem eigenständigen Skelett-Typ gesprochen werden. Des weiteren fanden sich unspezifische Trachten, die weder eine bestimmte Tierart noch ein Geisterwesen symbolisierten. Bei vielen Völkerschaften waren gleichzeitig Zeremonialgewänder unterschiedlichen Typs in Gebrauch; selbst einzelne Schamanen verfügten gelegentlich über verschiedenartige Kostüme, die wechselnd nach Anlaß und Jahreszeit getragen wurden.

## a) Der Vogeltyp

Vogelkostüme waren vor allem bei den turksprachigen Völkern Nordasiens verbreitet, also bei den Altaiern, Sojoten, Tofa, Jakuten und Dolganen, um nur einige zu nennen. Darüber hinaus kannte man solche Trachten bei den Jukagiren und Evenken, bei den Nanay am Ussuri und bei den samojedischen Gruppen Westsibiriens (Enzen, Nenzen, Nganassanen und Selkupen). Ornithomorphe Elemente (Flügel, Federn) fanden sich auch an Kostümen, die keine Vögel darstellten, so z.B. bei den Mandschuren und den ihnen verwandten Solonen in der Mandschurei.

Die Schamanengewänder der Turk-Völker des Altai- und Sajan-Gebietes verkörperten in der Regel einen Uhu, gelegentlich auch eine Eule. Nach Aussage Findeisens stellte die Zeremonialtracht jakutischer Schamanen eine Weihe oder einen Hühnergeier dar, P. W. Schmidt zufolge eine Ente. Auch das Kostüm der Evenken klassifiziert er als entenartig. Die unterschiedlichen Interpretationen sind einerseits dem

28  Sojotischer Schamane mit Federschmuck, Südsibirien

zuweilen unzureichenden Quellenmaterial geschuldet, andererseits aber auch der Tatsache, daß eine eindeutige Zuordnung aufgrund der Komplexität der Gewänder, die eine Vielzahl von Elementen vereinten, oft Ermessenssache bleibt.

Die Nanay verwendeten für ihre Schamanenmäntel Adlerfedern, deren Gebrauch auch andernorts üblich war. Ebenso benutzte man verschiedentlich Adlerkrallen zur Ausschmückung des Kostüms (bei den Evenken etwa). Das verwundert nicht, war doch dieser Vogel vielen nordasiatischen Völkern heilig. Den Jakuten galt er als Herr über Feuer und Sonne, als Ursprung alles natürlichen Gedeihens (vgl. Sternbergs Arbeit »Der Adlerkult bei den Völkern Sibiriens«). Nach einer Legende der Evenken wurde der erste Schamane von einem himmlischen Adler mit einer menschlichen Frau gezeugt. Ähnliche Überlieferungen kannten u. a. die Jakuten, Burjaten und Keten. Weit verbreitet war auch die Überzeugung, daß ein Adler die werdenden Schamanen auf dem Weltenbaum ausbrüte. Hier läßt sich eine Verbindung zwischen Tier-Mutter (S. 22) und vogelgestaltiger Himmelsgottheit erkennen.

Entsprechend ihrem Behang lassen sich die Vogelkostüme in zwei Typen unterteilen: Bei den südsibirischen Turk-Völkern (im Altai, Sajan etc.) dominierten Anhängsel aus Stoff und Fell (S. 107 ff.; Abb. 10, 11, 45), im Norden – insbesondere bei den Jakuten – solche aus Metall, vorzugsweise aus Eisen (S. 99 ff., 137 ff.).

Die Vogelsymbolik seiner Tracht wird verständlich angesichts der Aufgaben des Schamanen. Er bzw. seine Seele mußte den Flug zu den entfernten Wohnstätten der Götter, Dämonen oder Toten antreten. Man war überzeugt, daß das Fliegen (vor allem zum Himmel) in einem ornithomorphen Kostüm wesentlich leichter falle. Doch galt diese Kleidung nicht bloß als äußerliches Hilfsmittel, vielmehr schenkte sie dem Schamanen zugleich eine neue, nicht-menschliche, mystische Identität. Bei dieser Verwandlung wurde ihm nicht allein die Flugfähigkeit des in der Tracht verkörperten Vogels zuteil, auch dessen spirituelle Fähigkeiten gingen auf ihn über. So schrieb man Eulen – insbesondere dem Uhu – apotropäische Eigenschaften zu. Die Verwendung von Eulenteilen (bis hin zum Gebrauch ganzer Bälge als Kopfbedeckung) und die Gleichsetzung des so ausgestatteten Gewandes mit diesen Vögeln verhieß also auch die Abwehr böser Mächte bei der Jen-

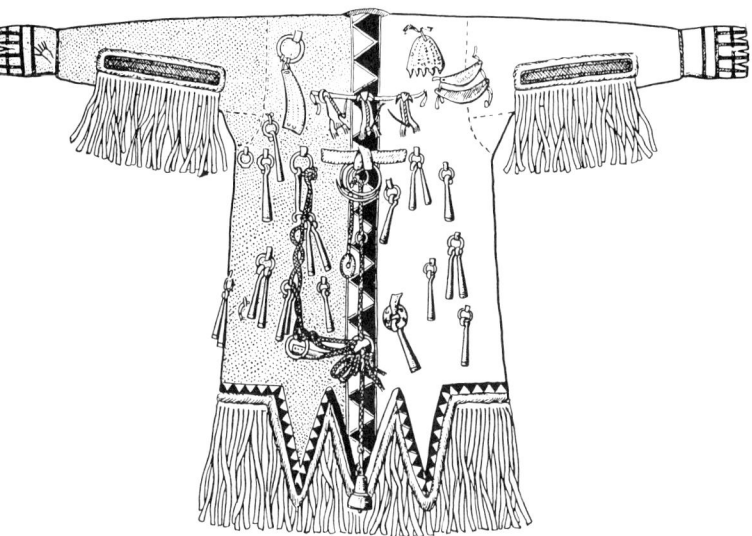

29  Mantel eines Nganassanen-Schamanen mit Gefiedersymbolik und Metall-
    behang (Vorderansicht, dreißiger Jahre dieses Jahrhunderts)

seitsreise. Gliedmaßen und Gefieder des Adlers wiederum sollten den
göttlichen Charakter dieses Vogels auf den Schamanen übertragen.

Die Vorstellung, daß ein Mensch durch das Anlegen eines Vogel-
bzw. Tierkleides sich in ein Tier verwandeln, ein Tier durch Ablegen
seines Gefieders oder Felles umgekehrt menschliche Gestalt annehmen
könne, begegnet in zahlreichen Erzählungen aus dem Verbreitungsgebiet des Schamanentums (Abb. 30). Dahinter steht die Überzeugung,
daß Mensch und Tier – beides beseelte Wesen – zwar unterschiedlich,
aber nicht grundsätzlich verschieden sind und Übergänge zwischen
beiden Existenzformen im Bereich des Möglichen liegen. In diesem
Zusammenhang wird auch – wie der russische Ethnologe JOCHELSON
zu Recht anmerkt – die Frage, ob das auf dem Gewand angebrachte
Skelett ein menschliches oder tierisches ist, gegenstandslos; es ist beides
und dennoch eins, so wie der Schamane im Zustand der Ekstase tierhaft
wird und trotzdem seine menschliche Identität wahrt.

In ihrer Funktion als Hilfsgeister des Schamanen werden Vögel –
darunter die Gans und Tauchervögel – im übrigen oft durch ein

30  Rückverwandlung eines Schamanen von der Tier- zur Menschengestalt (Lithographie eines Karibu-Eskimo, Kanada, 1971)

Anhängsel der Tracht symbolisiert oder als hölzernes Idol gestaltet. Wegen ihrer spezifischen Fähigkeiten galten besonders die Taucher als wertvolle Begleiter des Schamanen, wenn er gezwungen war, in die Unterwelt hinabzutauchen.

## b) Cervidenartige Kostüme

Ein vergleichbar großes Verbreitungsgebiet wie die ornithomorphen nahmen die cervidenartigen Kostüme ein. Sie sind bezeugt bei den samojedischen Völkern Westsibiriens, bei den Keten am Jenissei und bei den vor allem in Zentral- und Ostsibirien lebenden Evenken. Auch die Burjaten sollen einst solche Trachten besessen haben.

Am häufigsten wurde das Rentier verkörpert; lediglich bei den ostsibirischen und den in der Mandschurei lebenden Evenken dominierte der Rehbock. Für die östlichen Evenken erwähnen einige Autoren zudem ein Hirschkostüm.

Auch unspezifische oder vogelartige Trachten wiesen zuweilen cervidenartige Elemente auf, meist Geweihnachbildungen. Als Beispiel mag die von JOCHELSON beschriebene Mütze eines Vogelkostüms der Jukagiren mit zwei krönenden, aus Leder gearbeiteten ›Hörnern‹ dienen (Abb. 31). Mandschurische Schamanen trugen oft einen horngeschmückten Kopfputz, den man als Rehbockgehörn oder Elchgeweih interpretierte.

Cerviden- und Vogelkostüme unterschieden sich nicht grundsätzlich in Schnitt und Aussehen; ausschlaggebend waren hier gruppenspezifische Traditionen, nicht der jeweilige Symbolgehalt. Beide Trachtentypen waren meist mit Skelettnachbildungen versehen und mit den unterschiedlichsten magischen Hilfsmitteln aus Metall, Fell

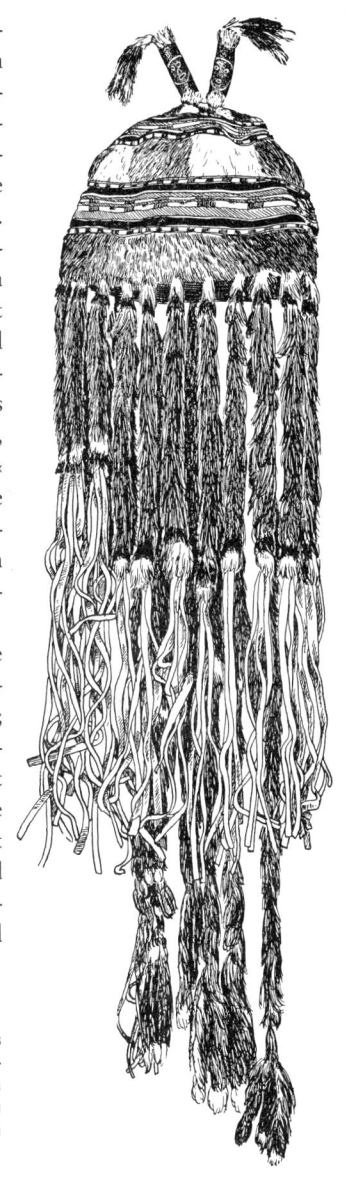

31 Renlederne Kopfbedeckung eines jukagirischen Schamanen (Nordostsibirien), geschmückt mit Fellstreifen und Geweih-Symbolen; sie wurde zu einem Vogelkostüm getragen (um 1900)

oder Stoff behangen. Beim cervidenartigen Kostüm traten die Vogel-
elemente (Bälge, Federn, lange Fransen, die Federn symbolisierten)
natürlich in den Hintergrund; kennzeichnend waren hier eine mit
Gehörn oder Geweih versehene Kopfbedeckung und Geweihnachbildungen am Gewand.

In ihrer allgemeinen Bedeutung und der Art des Gebrauchs lassen
sich ebenfalls keine wesentlichen Unterschiede zwischen beiden
Kostümtypen feststellen. Cerviden, insbesondere Rentiere, fungierten
als mächtige Hilfsgeister wie auch als Tier-Mütter der Schamanen.
Legenden berichten von fliegenden Rentieren, die werdende Schamanen auf dem Weltenbaum nähren und betreuen. Der enge Bezug zur
Vogelsymbolik ist hier unverkennbar.

Daß der Schamane beim Anlegen seines Gewandes nicht in jedem
Falle die Identität des darin verkörperten Tieres annehmen mußte, hat
FINDEISEN durch seine Forschungen bei den Keten belegt. Ihnen galt die
Rentracht lediglich als Aufenthaltsort eines mächtigen Hilfsgeistes, der
den Schamanen bei seiner Jenseitsreise begleitete; dieser blieb jedoch
stets Mensch und verwandelte sich nicht in ein (spirituelles) Ren.

Von den transbaikalischen Evenken, die gleichermaßen Vogel- und
Cervidenkostüme benutzten, berichtet SHIROKOGOROFF, daß die Vogel-
tracht keine Eisenteile aufwies und insgesamt wesentlich leichter war.
Dies sollte den Flug zum Himmel erleichtern. Die schwere, mit eisernen Skelett-Teilen und Anhängseln versehene Cervidentracht diente
hingegen in erster Linie dem Besuch der Unterwelt, wurde in Einzelfällen allerdings auch bei der Himmelsreise eingesetzt.

Die offensichtliche Ähnlichkeit von Gewandungen, die in jung-
paläolithischen Höhlenmalereien in Südfrankreich abgebildet sind
(S. 29 ff.; Abb. 7), mit rezenten cervidenartigen Schamanenkostümen,
veranlaßte einige Forscher zu dem Schluß, bereits bei jungpaläolithi-
schen Gemeinschaften hätten Schamanen gewirkt. Auf die Fragwür-
digkeit solcher Hypothesen wurde bereits hingewiesen (S. 29 ff.).

*c) Bärenkostüme*

Von Zeremonialtrachten solchen Typs wird in den ethnographischen
Quellen nur wenig berichtet. Der finnische Gelehrte HARVA erwähnt

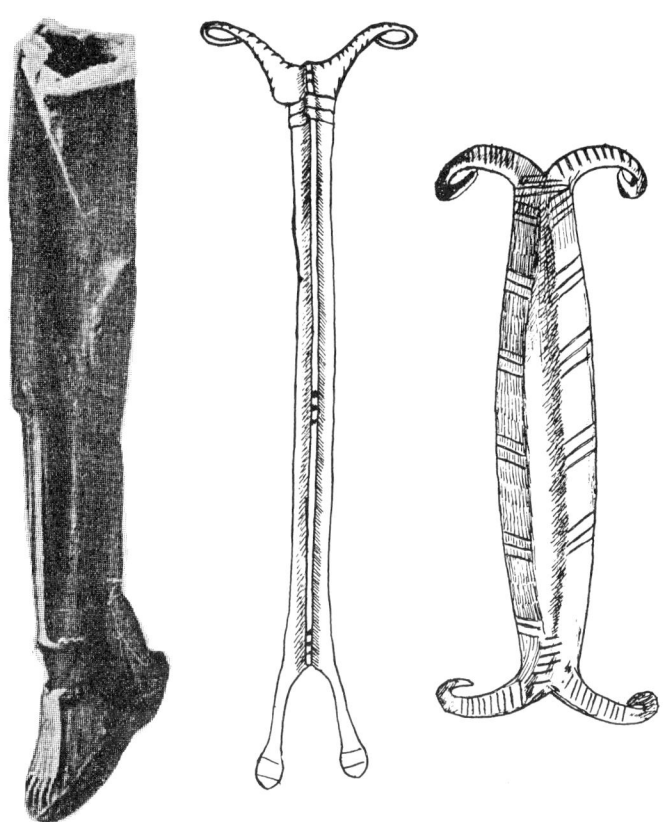

32 Bärenstiefel eines Schamanen der Keten, Jenissei. Die Eisenteile symbolisieren Knochen und Wade

ein Paar Schamanenstiefel der Keten, deren eiserne Knochensymbole
als Beinskelett des Bären gedeutet wurden (Abb. 32). Auch zitiert er
Gewährsleute, die ähnliches von den Evenken berichten, wo nicht
allein eiserne Nachbildungen von Bärenskeletten die Trachten zierten,
sondern auch echte Bärentatzen. Indessen bleibt zweifelhaft, ob aus
diesen Nachrichten auf die einstige Existenz eines besonderen, bären-
gestaltigen Kostüms geschlossen werden kann. Man verehrte den
Bären in Nordeurasien wie in Nordamerika als mächtiges spirituelles

91

Wesen; auch als Hilfsgeist und Alter ego des Schamanen trat er vielfach auf. Möglicherweise galt er mancherorts tatsächlich als Haupthelfer, verkörpert in der Tracht des Schamanen.

Eine unmittelbare Verbindung zwischen Schamanentum und dem bei vielen Völkern Nordeurasiens (z. B. Samen, Chanten, Mansen, Keten, Amur-Tungusen, Niwchen, Ainu) sowie einigen subarktischen Indianergruppen verbreiteten Bärenkult besteht nicht.

## d) Unspezifische Kostüme

In vielen Fällen verkörperten die schamanischen Zeremonialgewänder, auch wenn sie tiergestaltige Elemente aufwiesen, kein Tier.

Für die Mandschurei erwähnt Shirokogoroff zwei unterschiedliche Trachten, von denen die eine bei den Mandschuren selbst, die andere bei den kleinen tungusischen Ethnien und vermutlich auch bei den mongolischen Dahuren getragen wurde. Der zweite Typus umfaßte in seiner entwickelten Form Mantel, Kragen und Kopfbedeckung. Gefertigt aus Hirsch- oder Elchleder, war das Gewand mit Glocken und Messingspiegeln versehen. Diese ›Spiegel‹ – es handelte sich um Messingscheiben, nicht um wirkliche Spiegel – bezeugen chinesischen und mandschurischen Einfluß (vermutlich erwarb man sie von chinesischen Händlern). Ihre Bedeutung wechselte: Bestimmten Auffassungen zufolge halfen sie dem Schamanen, sich zu konzentrieren und besser zu erkennen. Die zugehörige Kopfbedeckung – ebenfalls mit einem Messingspiegel geschmückt – imitierte den Kopfputz lamaistischer Geistlicher aus Tibet bzw. der Mongolei. Sie war mit einem Schleier versehen (Abb. 54). Auch Kopfbedeckungen mit Geweih kamen vor.

Die Tracht der Mandschuren (Abb. 33) bestand aus einer roten Jacke, oben mit schwarzem Besatz, und einem blauen Hemd, beides aus Stoff gefertigt, sowie einem Gürtel und verschiedenen Kopfbedeckungen. Das Rot sollte die Geister schrecken. Der Mantel war wiederum mit Messingspiegeln versehen und ursprünglich mit Knochen behängt. Am schweren Ledergürtel befestigte man konisch geformte eiserne Anhänger. Die Kopfbedeckung wechselte mit der jeweiligen Mission des Schamanen. Bei Unterweltsreisen bevorzugte er einen eisernen

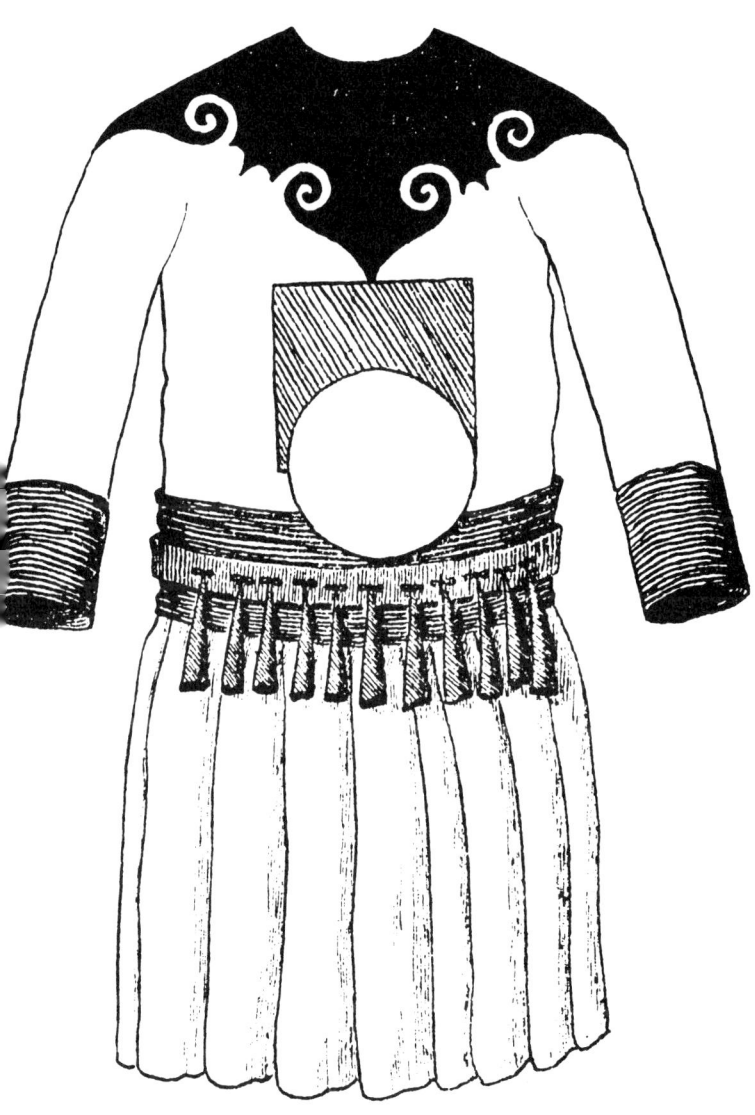

3 Schamanenmantel der Mandschu mit Messing-›Spiegel‹ und Gürtel mit Metallbehang

34  Iglulik-Schamane, Kanada, in ungewöhnlichem Kostüm (um 1900)

Kopfputz, bekrönt von einem eisernen Geweih, bei Himmelsflügen einen Messing-Kopfputz, besetzt mit Vogelfiguren aus dem gleichen Material; sie stellten SHIROKOGOROFF zufolge Pfauen, Falken oder auch Tauben dar. Messing-›Spiegel‹ und Schleier vervollständigten die Kopfbedeckung.

Bei den Nanay reichten die Schamanenröcke nur bis zur Hüfte und hatten kurze Ärmel. Ornamente schmückten die Ärmelenden und die Partie beiderseits des Verschlusses auf der Vorderseite. Ergänzt wurde dieser Rock durch einen breiten, mit Eisenteilen behangenen Ledergürtel (S. 131; Abb. 59).

Abschließend sei noch ein um die Jahrhundertwende getragenes Schamanenkostüm der Iglulik, einer Eskimo-Gruppe der zentralen kanadischen Arktis, erwähnt, das der bekannte deutsch-amerikanische Ethnologe Franz BOAS beschrieben hat (Abb. 34). Es verdient deshalb besonderes Interesse, weil die Eskimo (außer in Alaska, wo oft ein Darmhaut-Parka getragen wurde) keine besonderen Schamanengewänder kannten, sondern nur Trommeln, Amulettgürtel und (besonders in Alaska) Masken einsetzten.

Der mit Ärmeln versehene Mantel, aus Karibu-Fell gefertigt, lief unten in gerundeten, dicht mit Fransen besetzten Zungen aus. Den unteren Rand und auch die Schulterpartie zierte ein aus weißen und dunklen Fellstücken genähtes Muster. Zwei weiße Hände auf der Brust sollten böse Geister abwehren; des weiteren schmückten eine dunkle Kinderfigur auf weißem Feld, Tiersymbole und Rosetten das Gewand. Handschuhe und eine runde Mütze vervollständigten die Tracht. (Gewöhnliche Parkas hatten hingegen eine Kapuze.) Der Träger fertigte sein Kostüm entsprechend einer Vision, die ihn bei der Jagd heimsuchte: Ein von ihm erlegtes Karibu verwandelte sich in eine Frau, die einen Sohn gebar. Diese Frau soll solcherart gekleidet gewesen sein.

## 3   Die Skelettsymbolik

Auf zahlreichen Schamanengewändern unterschiedlichsten Typs wurden Gerippe dargestellt: Im nördlichen Sibirien (vor allem bei den Jakuten, Keten und Evenken) dominierten dabei eiserne Knochennachbildungen – zuweilen sehr naturgetreu gefertigt –, im Süden (bei den Turk-Völkern des Altai und Sajan) kannte man entsprechende Applikationen und Stickereien aus Stoff und Rentierhaaren (Abb. 10, 47). Knochensymbole zierten Rock, Brust, Stiefel und (seltener) auch Handschuhe des Schamanen. An Ärmeln und Stiefeln brachte man die ›Knochen‹ der Gliedmaßen an (Abb. 35), am Gewand selbst waren Rippen, Schlüsselbeine, Wirbelsäule, Brustbein und Schulterblätter nachgebildet.

Die Meinungen darüber, welche Art Skelett oder gar wessen Skelett dargestellt wurde, gingen selbst bei den Angehörigen ein und derselben Ethnie auseinander. Je nach Kostümtyp interpretierte man es als Vogel-, Cerviden- oder Bärenskelett – oft auch als das des Schamanen selbst oder – wie Schmidt von den Jakuten berichtet – als Gebein des Herrschers der Unterwelt. Für die Evenken erwähnt Schmidt eine Tracht, auf der das Gerippe eines Heroen (Urschamanen) zu sehen war. Nach seiner Hypothese muß man von einem eigenen Skelett-Typ der Schamanentracht ausgehen, der dem zoomorphen gleichwertig ist. Nachweisbar sind auch sogenannte Mischtypen, bei denen die einzelnen Knochen als Nachbildungen tierischer *und* menschlicher Gebeine galten oder das Skelett einem anderen als dem durch die Tracht verkörperten Tier zugeordnet wurde.

Der Streit darüber, ob solche Darstellungen ein Tierskelett oder das des Schamanen imitieren, wird, wie bereits angemerkt (S. 87), gegenstandslos, wenn man bedenkt, daß der Schamane, indem er sein Zere-

35   Eiserne Knochensymbole einer jakutischen Schamanentracht

monialgewand anlegte, eine neue Identität erwarb und sich die Fähigkeiten des in der Tracht verkörperten mystischen Tieres zueigen machte.

Warum gerade die Skelettsymbolik so häufig auf Schamanenkostümen begegnet, wird verständlich, wenn man sich an die Initiationserlebnisse erinnert (S. 47ff.), bei denen die Geister oder Ahnen den angehenden Schamanen seiner Haut, seines Fleisches und seiner Eingeweide beraubten und gleichsam bis auf das Skelett ›entkleideten‹, um ihn dann neu zu schaffen und mit den für sein Amt notwendigen Eigenschaften auszustatten. Die Skelettdarstellung auf dem Kostüm wies den Schamanen als einen Wiederauferstandenen aus, als einen aus dem Jenseits Zurückgekehrten.

ELIADE faßt diesen Sachverhalt treffend in Worte: »Mit der Nachbildung eines (Menschen- oder Vogel-)Skeletts soll die Schamanentracht das besondere Statut ihres Trägers kundtun, als das eines Menschen, der gestorben war und wieder auferweckt worden ist. (...) Das Skelett auf der Schamanentracht soll das Initiationsdrama, das Drama von Tod und Auferstehung, wieder aufnehmen und vergegenwärtigen« (ELIADE 1975: 160).

Dieses ›Initiationsdrama‹ wiederholte sich in gewissem Sinne bei jeder Séance, denn der Übertritt in jenseitige Bereiche war dem Tod vergleichbar, die Rückkehr einer Auferstehung. (Auch gewöhnliche Menschen vollzogen mit ihrem Tod diesen Übertritt, ihnen blieb jedoch der Weg zurück versperrt.) Das Skelett auf der Tracht gemahnte also nicht nur an die eigentliche Initiation, sondern symbolisierte zugleich ihren wiederholten Nachvollzug in der Séance.

Dieser Symbolik lag die Vorstellung zugrunde, die Knochen seien Sitz der Lebenssubstanz – eine Konzeption, die im übrigen weltweit, also nicht nur im Verbreitungsgebiet des Schamanentums, anzutreffen ist. Ihre Basis hat sie in den religiösen Überzeugungen der Jägervölker. Verglichen mit Fleisch, Fett, Haut etc., erschienen die dauerhaften Knochen als Sitz der Lebenskraft, die eine erneute Inkarnation bewirken könnte. Daher beispielsweise der Brauch, Bärenschädel mit besonderer Achtung zu behandeln, um die Seele des Tieres nicht zu beleidigen (Abb. 36), oder die Sitte, die Knochen eines erlegten und verzehrten Tieres unbeschädigt in der Wildnis zu deponieren oder – wenn es sich beispielsweise um Robben handelte – ins Wasser zurückzu-

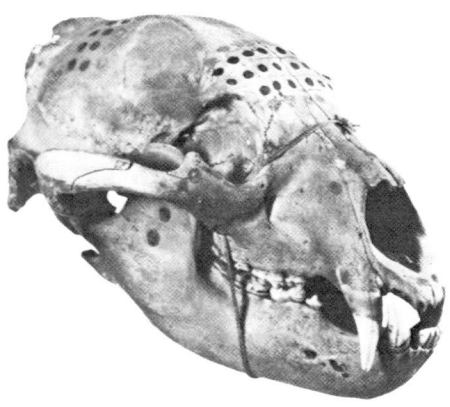

36  Zur zeremoniellen Verehrung mit Punkten bemalter Bärenschädel der Cree,
Kanada (Royal Ontario Museum, Toronto)

geben. So könnte sich, glaubte man, das Getier wiederbeleben und
dereinst aufs neue zur Beute werden; bei Mißachtung dieser Regeln
müßte dagegen mit einem Ausbleiben der Jagdbeute gerechnet werden.

Der Glaube an eine Wiederauferstehung verstorbener Menschen aus
ihrem Gebein fand weltweit in religiöse Lehren, Legenden und Mär-
chen Eingang und begegnet selbst in der Bibel: So erlebt der Prophet
Ezechiel in einer Vision die Auferweckung Israels als Auferstehung der
Menschen aus verstreuten und ausgetrockneten Knochen (Ezechiel
37,1–14).

Auch die Tatsache, daß viele Ethnien (z.B. Evenken, Jakuten, Keten,
Burjaten) Skelett-Teile der Schamanentracht aus Eisen fertigten, verdient hier Beachtung. Die magische Kraft des Eisens sowie die besondere Rolle des Schmiedes, der es beherrschte, werden noch in anderem
Zusammenhang erörtert (S. 140 ff.).

Zunächst sollen zwei Schamanenkostüme unterschiedlichen Typs
ausführlich beschrieben werden; das erste stammt von den Jakuten im
östlichen Sibirien, das zweite von den Tofa, die im Minussinsker
Becken, nördlich des Sajan-Gebirges, leben.

# 4 Ein Schamanenkostüm der Jakuten

Dieses Kostüm (Abb. 37, 38) erwarb der russische Ethnologe Jochelson für das American Museum of Natural History (New York) während seiner Reise ins Gebiet der Jakuten, Evenken und Jukagiren in den Jahren 1901/02. Es gehört zum Vogeltyp und umfaßt nur einen – allerdings reich geschmückten – Mantel. Dieser Mantel wurde aus schlecht gegerbten Kalbshäuten gefertigt, deren Fellseite nach innen gekehrt ist. Der Schamane trug den Mantel auf der bloßen Haut. Wie die Abbildung (Abb. 37) zeigt, wurde das mit halblangen Ärmeln versehene Zeremonialgewand vorne (rechts von der Mitte) geschlossen; nach unten hin läuft es in Fransen aus. Über die Bedeutung dieser Fransen, wie auch der an den Ärmeln, macht Jochelson keine Angaben. Bei der Beschreibung ähnlicher Kostüme gleichen Typs deutete er sie jedoch als Schwanz- bzw. Schwungfedern.

Besonders reich ist die Rückseite des Kostüms ausgestaltet (Abb. 38). An waagerecht aufgenähten, verstärkenden Streifen aus dickem Stierleder sind zahlreiche eiserne und kupferne Anhängsel befestigt, besonders auffällig darunter drei annähernd runde Eisenscheiben etwa gleicher Größe (zwei davon Lochscheiben), die als wichtige Hilfsmittel bei der Unterweltsreise dienten (Abb. 39). Lochscheibe A bezeichneten die Jakuten als Eis-Loch; sie symbolisierte den Eingang zur Unterwelt, durch welchen der Schamane hinabsteigen mußte (Nioradze zufolge beseitigte er durch diese Öffnung auch Krankheitsgeister). Jenseits davon benötigte der Schamane dann die beiden anderen Scheiben, die seine Sonne (B) und seinen Mond (C) verkörperten. Diese magischen Gestirne sollten im Reich der Finsternis seinen Weg erhellen.

Quer über den Rücken des Kostüms zieht sich eine eiserne Kette (Abb. 40), Zügel genannt und an Ringen unterhalb der Arme befestigt (Abb. 38). Während der Séance hatte der Assistent diese ›Zügel‹ zu ergreifen und festzuhalten, während die Seele des Schamanen sich auf die Jenseitsreise begab. Geschah dies nicht, bestand die Gefahr, daß übelwollende Geister den Schamanen davontrugen.

Die Schulterpartie des Mantels ist über den drei Scheiben reich behangen mit kupfernen Glöckchen sowie kleinen runden und muschelförmigen Rasseln, die gemeinsam mit den klirrenden Eisenteilen während der Séance die Geräuschkulisse verstärkten (Abb. 40).

37/38 Mit Eisenteilen behangenes renledernes Schamanenkostüm der Jakuten,
Ostsibirien (Vorder- und Rückenansicht, um 1900)

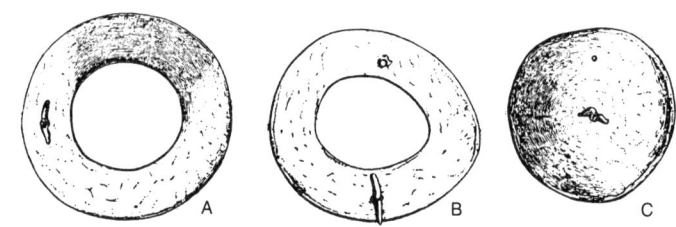

39 Eisenscheiben von dem in Abb. 37/38 dargestellten Kostüm; A symbolisiert den Eingang zur Unterwelt, B die Sonne und C den Mond des Schamanen; die letzteren beiden Scheiben sollen als magische Gestirne den Weg des Schamanen im Reich der Finsternis erhellen

Eine Vielzahl eiserner Anhängsel unterschiedlicher Gestalt repräsentiert die Federn des in der Tracht selbst verkörperten Vogelgeistes. Unterscheiden lassen sich lanzettförmige, konisch-röhrenförmige und flache, am unteren Ende in eine breite Rundung auslaufende Eisenstücke (Abb. 41). Sie sind meist paarweise mit gebogenem Eisendraht am Gewand befestigt.

An den beiden Seiten des Mantels erkennt man unterhalb des Ellbogens drei bzw. vier ›Rippen‹ – längliche, rechteckige Eisenbänder, an beiden Schmalseiten mit Befestigungslöchern versehen. Ergänzt wird

40 Behangteile des Kostüms von Abb. 37/38; sie sollen die Geräuschkulisse während der Séance verstärken

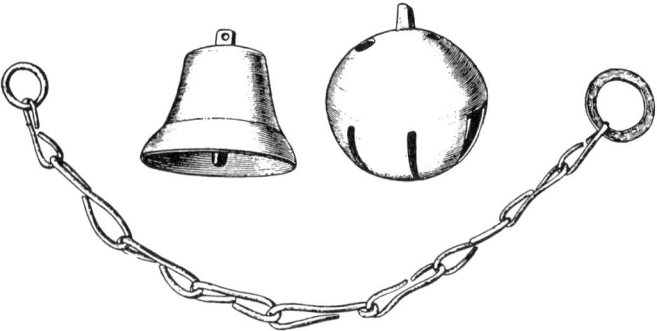

dieses Rumpfskelett durch ebenfalls eiserne Ober- und Unterarmknochen, welche die Rückseite der Ärmel zieren. Es handelt sich hierbei um lange, schmale Eisenbänder – an der Längsseite leicht gekrümmt –, die an den Enden in Ösen auslaufen (Abb. 35). Den etwas längeren Oberarmknochen bezeichneten JOCHELSONS Gewährsleute als Flügelknochen eines Vogels, hingegen wurde der Unterarmknochen einem Menschen zugeschrieben. Auf die Vereinbarkeit beider Interpretationen wurde bereits hingewiesen (S. 87). Zum Armskelett gehören des weiteren Ellbogen- und Handgelenk: rechteckige, an den Rändern bzw. Ecken durchbohrte Eisenbleche, die an den Ellbogen bzw. an den unteren Enden der Ärmel (querverlaufend) befestigt sind.

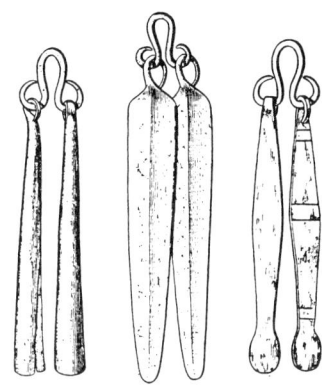

41 Eiserne Behangteile (Federsymbole) des Kostüms von Abb. 37/38

Vervollständigt wird das Skelett durch zwei unterhalb des Kinnes am Mantel befestigte Schlüsselbeine – Eisenstreifen, die auf beiden Seiten in gebogenen Ösen enden – und zwei an den beiden Ärmeln angebrachte Bleche, die in fünf Fingern auslaufen: Sinnbild der starken Hände des Schamanen (Abb.

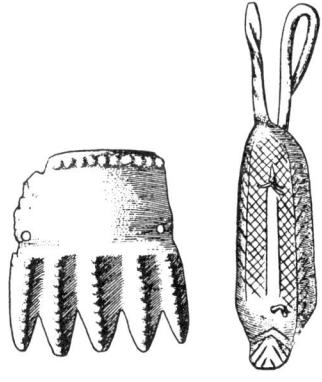

42 Hand und Anhänger, der einen Hilfsgeist in der oberen Welt verkörpert; eiserne Behangteile des Kostüms von Abb. 37/38

42). Gelegentlich zählten solche Eisenhände, um die außergewöhnliche Persönlichkeit des Schamanen hervorzuheben, auch sechs Finger.

Ein gebogenes rundes Eisenblech – am Rücken angebracht – symbolisiert den düsteren Mond der Unterwelt. Den Sitz des Schamanen, auf dem er sich in den Himmel oder in die Unterwelt begab, repräsentiert eine annähernd runde, leicht gewölbte eiserne Scheibe, in deren konvexe Seite drei Tiere eingraviert sind (Abb. 43). JOCHELSON interpretiert sie als zwei Raben und einen Wolf. In der Mitte hängen in einem Ring ein längliches Kettenglied sowie ein Haken mit Ring. Diese Teile galten als ›Schwanz der Sonne‹, doch finden sich bei JOCHELSON dazu keine näheren interpretativen Angaben.

Schließlich sei noch ein länglicher Anhänger mit Rautenmuster und anderen Gravuren erwähnt, der an einer Schmalseite eine Art Dorn und eine Öse trägt (Abb. 42). Er symbolisierte einen in der oberen Welt (Himmel) beheimateten Hilfsgeist des Schamanen: die Möwe.

Zwei weitere vogelgestaltige Hilfsgeister werden angezeigt durch eiserne Vogelsymbole an der Vorderseite des Mantels: der Geist eines Kranichs (zu erkennen am langen Hals) und der Geist eines Tauchers

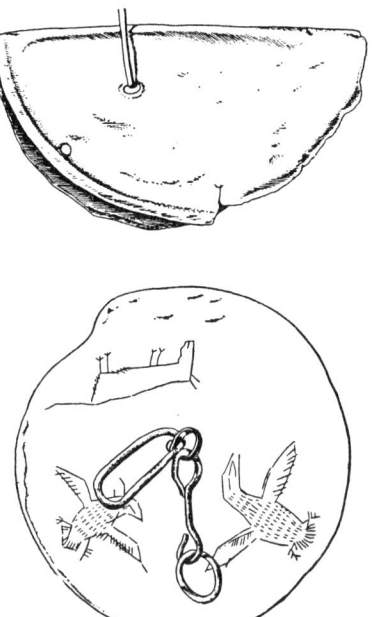

(Abb. 44B, A). Mit dem Schnabel dieses Tauchervogels bearbeitete der Schamane – so berichtet JOCHELSON – den erkrankten Körperteil eines Patienten bei Heilungszeremonien. Auf diese Weise sollte der krankheitserregende Geist aus dem Körper gezogen werden. Erinnert sei hier an ANISIMOVS Beschreibung einer Séance bei den Evenken (S. 61ff.). Auch dort zog ein Vogelgeist (Gans) den Krankheitsdämon mit seinem Schnabel aus dem Körper des Leidenden.

43  Mond der Unterwelt (oben) und Sitz des Schamanen

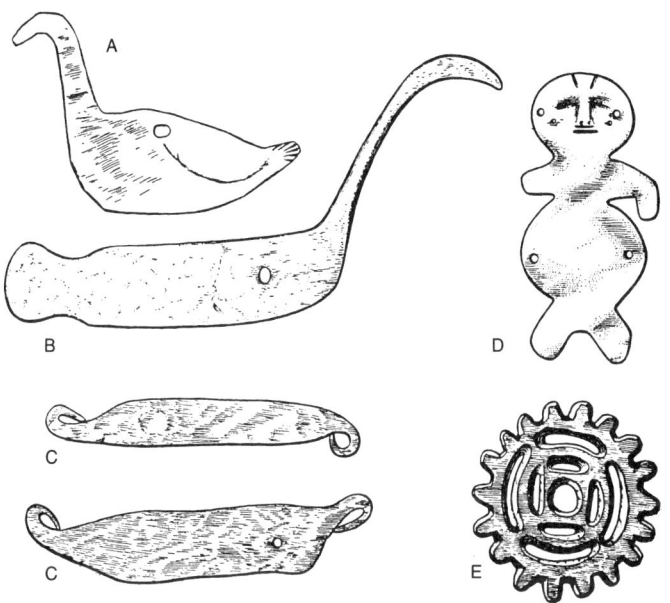

44   Eisen- (A, B, C) und Kupferapplikationen (D, E) des Kostüms von Abb. 37/38:
      A Taucher (Hilfsgeist), B Kranich (Hilfsgeist), C Knochensymbole, D Herr der
      Totenseelen, E ›Brustwarze‹ des Schamanen

Möwe, Taucher und Kranich als Hilfsgeister, eine Rabenabbildung
auf dem Schamanensitz, die Bezeichnung der Armknochen als Flügelknochen, Federsymbole in Gestalt eiserner Anhänger oder Fransen –
all dies unterstreicht die sakrale und magische Bedeutung des Vogels in
der schamanischen Vorstellungswelt.

Zwei durchbrochene Kupferscheiben an der Vorderseite des Mantels – eine davon gezahnt – symbolisieren die Brustwarzen des Schamanen (Abb. 44 E). Man beschränkte sich also nicht auf die Nachbildung
des Skeletts.

FINDEISEN erwähnt ein Kostüm der Keten, auf dessen Stiefel ein
Wadenmuskel abgebildet war (Abb. 32). Von Eisenteilen, die innere
Organe wie Herz, Leber und Lunge darstellten, lesen wir bei anderen
Autoren, die jakutische Trachten beschreiben. Interpretieren lassen
sich diese Teile als Elemente des neuen, mystischen Körpers oder auch

105

als eine Art Schutzpanzer der natürlichen Organe während der gefährlichen Jenseitsreise.

Einige Gelehrte, wie z.B. Nioradze oder auch sowjetische Evolutionisten, sehen in der Darstellung von Brustwarzen einen Beleg dafür, daß das Schamanentum ursprünglich eine Domäne der Frauen war. Sollten hier aber tatsächlich *weibliche* Brustwarzen gemeint sein, ließe sich dies – wie auch sonstige feminine Elemente oder Frauentrachten – ebensogut als Ausdruck der Verkehrung des Normalen beim (männlichen) Schamanen interpretieren.

Ebenfalls an der Vorderseite der von Jochelson beschriebenen Tracht erkennt man eine kleine anthropomorphe Gestalt aus Kupferblech: dicker, runder Kopf mit Gesichtszügen, verkürzte Gliedmaßen, ein voluminöser Bauch (Abb. 44 D). Offenbar verkörpert diese Figur den Herrn der Totenseelen, die – nach jakutischer Vorstellung – über die Erde fliegen und die Menschen mit Krankheiten schlagen, damit diese ihnen Opfer darbringen. Auch andere übelwollende Geister, dazu tierische Hilfsgeister fanden Darstellung auf jakutischen Schamanengewändern.

Ein anthropomorpher Anhänger, wie ihn Jochelson erwähnt, gilt verschiedenen Autoren als ›Markenzeichen‹ eines vollwertigen Schamanen. Dieser erhielt ihn während der Initiation von seinem Lehrer und gab ihn weiter, wenn er seine Tätigkeit aufgab. Der Geist oder die Macht, den bzw. die diese Kupfergestalt symbolisierte, würde – so glaubte man – während der Ekstase in den Schamanen eintreten. Mächtige Schamanen sollen solche Geister allerdings auch nach dem Tod behalten haben und dann selbst zu Geistwesen geworden sein.

Nach Überzeugung der Jakuten konnte ein anthropomorpher Kupferanhänger dieser Art gefahrlos nur von einem Schmied hergestellt werden, der auf neun Generationen von Schmiedevorfahren zurückblickte.

# 5  Das Schamanenkostüm der Tofa

Ende der zwanziger Jahre dieses Jahrhunderts erlebte das Schamanentum bei den turksprachigen Tofa, die offiziell seit langem orthodoxe

Christen waren, eine Renaissance. So hatte der ungarische Ethnologe DIÓSZEGI bei einer Forschungsreise nach Sibirien im Jahre 1958 Gelegenheit, ehemalige Schamanen über ihr Wirken zu befragen. Ihm verdanken wir eine der ausführlichsten Beschreibungen der schamanischen Ausstattung. Zugleich erläutert DIÓSZEGI auch sehr detailliert den Herstellungsprozeß und die einzelnen Arbeitsgänge bei der Anfertigung der Tracht und der zugehörigen Instrumente.

Seinen Angaben zufolge setzte sich die Ausrüstung eines Tofa-Schamanen (Abb. 2, 10, 45) aus einem Mantel, einem Brustlatz, Stiefeln und einer Kopfbedeckung zusammen (dazu kamen Trommel und Trommelschlegel, die später behandelt werden; S. 142 ff.). Die Herstellung der verschiedenen Bestandteile der Tracht erfolgte in einer bestimmten, durch Tradition und religiöse Vorstellungen vorgegebenen Reihenfolge: zuerst die am Mantel zu befestigenden Rollenstreifen, dann der Mantel selbst, anschließend die Kopfbedeckung, die Stiefel und schließlich die Trommel mit Zubehör. Genaue Anweisung, wie das Kostüm auszusehen hatte, erhielt der Schamane von seinen Geistern. Er instruierte demgemäß seine Angehörigen, die alles für ihn bereiteten. DIÓSZEGIS Angaben zufolge nähten die Frauen die Tracht, männliche Angehörige stellten die Trommel her. In anderen Berichten wird erwähnt, daß Frauen im gebärfähigen Alter ausgeschlossen blieben, ja Gewand und Instrumente nicht einmal berühren durften, denn sie galten – insbesondere während der Menstruation – als unrein.

Die Rollenstreifen (Abb. 46) entstanden aus rechteckig zugeschnittenen Stoff- oder Renlederstücken (60–100 cm lang, 20–25 cm breit), die stets einfarbig waren. Verwendung fanden die Farben Rot, Gelb, Weiß oder Blau. Man schnitt das Material an der Schmalseite bis fast zum oberen Ende ein, so daß neun parallele, oben zusammenhängende Streifen entstanden, von denen jeder am unteren Ende durch Einschnitte in neun Fransen zerlegt wurde. Jeden der Streifen nähte man alsdann um eine Stoffrolle, wickelte nun das gesamte Stoff- oder Lederstück auf und versah es am oberen Ende mit einer Lederschlaufe zur Befestigung am Gewand. So entstand ein Bündel mit neun Strähnen, die jeweils in neun Fransen endeten. Die Zahl Neun hatte sakrale Bedeutung. DIÓSZEGI erwähnt, daß die Strähnen oft noch mit weißem Rentierfell oder verschiedenfarbigen Stoffstücken benäht und zusätzlich verziert wurden. Neben neunsträhnigen kamen auch drei- oder siebensträhnige Bündel vor (diesen Zahlen schrieb man ebenfalls eine magische Potenz zu). Zahl, Länge und Befestigungsart der Streifenbündel am Gewand variierten.

Der Symbolwert der Rollenstreifen ist nicht eindeutig. Nach Diószegi sollten sie ein Gefieder (Flügel, Schwanz, Federn) vorstellen. Bei der Beschreibung eines anderen Schamanengewandes der Tofa, das sich im Besitz des Völkerkundemuseums in Leipzig befindet, deutet W. Hartwig ähnliche Stoffanhänger hingegen als Schlangen, als Kampfgefährten des Schamanen während seiner Jenseitsreise. Andere Autoren (etwa Eliade, Shirokogoroff) erwähnen solche Rollenbündel oder auch Stoffstreifen am Ornat altaischer (Abb. 11), burjatischer und evenkischer Schamanen; auch hier wurden sie als hilfreiche Schlangengeister oder unterweltliche Ungeheuer aufgefaßt. In einigen Fällen versah man diese Schlangen auch mit Köpfen oder Schwänzen.

Den Schamanenmantel fertigte man aus den Fellen domestizierter Rentiere (die Tofa lebten u. a. von der Rentierhaltung). Die Felle mußten zunächst – in einen Rahmen gespannt – getrocknet werden; anschließend reinigte man mit Hilfe eines Schabers die Innenseite des Felles von Fleisch- und Fettresten. Zum Gerben fand eingeweichtes Zedernholz Verwendung, das 24 Stunden einwirken mußte. Dann wurde das Fell vom Holzstaub gereinigt und erneut geschabt, bis es vollständig trocken war. Nun räucherte man es. Dies erfolgte über einer Grube, in der Tannenzapfen und mürbes Lärchenholz brannten. Ein oder mehrere zusammengenähte Felle wurden über der Grube – ähnlich einem kleinen Zelt – auf konisch zusammengestellte Stangen gespannt und so dem aufsteigenden Rauch ausgesetzt, der sie geschmeidig machte und gelb färbte. Falls die Haare des Felles zu lang waren, beschnitt man sie etwas. Damit waren die vorbereitenden Arbeiten beendet.

Ein Schamanenmantel bestand aus drei Fellen; aus einem fertigte man den Rücken, aus dem zweiten die vordere Partie und aus dem dritten Kragen und Ärmel. Nachdem die zugeschnittenen Stücke miteinander vernäht waren, versah man das so entstandene Gewand mit Stickereien und Applikationen, Anhängseln aus Metall sowie den Rollenstreifen. Es kam auch vor, daß das gesamte Fell zuvor mit Stoff bezogen wurde. Meist reichte der Mantel bis zum Knie; er konnte jedoch auch kürzer oder länger sein. Zu schließen war er entweder in der Mitte oder auf der rechten Seite. Den ca. 3 cm hohen, stehenden

45 Mit Bändern und Rollenstreifen geschmücktes Kostüm einer Tofa-Schamanin

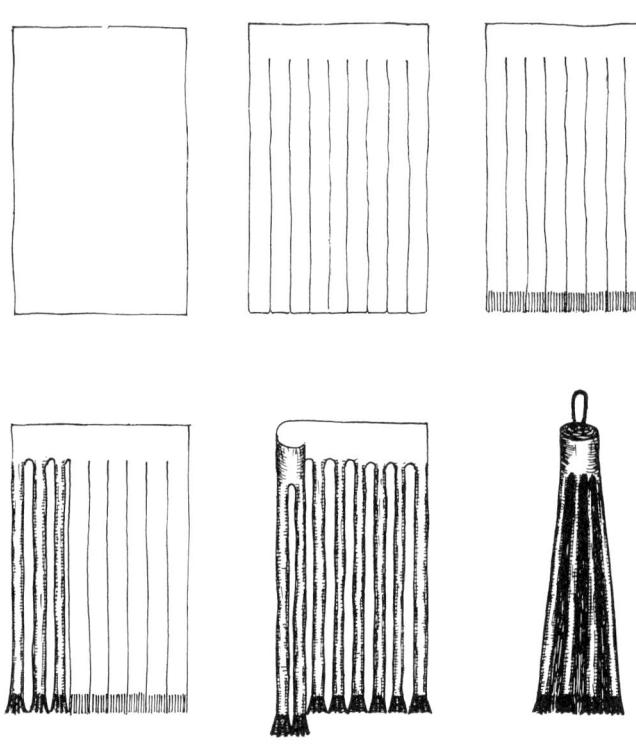

46    Anfertigung der Rollenstreifen bei den Tofa

Kragen bezeichnet Diószegi als charakteristisch für die Schamanengewänder der Tofa. Kragen, Ärmelenden und der untere Mantelab-
schluß konnten mit Pelz besetzt sein (vorzugsweise Luchs, Kaninchen
oder Lamm), ersatzweise oder auch zusätzlich brachte man Troddeln
aus Rentierfell oder (gelegentlich) gelber Baumwolle an.

Vorn und hinten war der Mantel bestickt oder mit Applikationen
versehen, meist in Skelettsymbolik (Abb. 10, 47). Als Material diente
weißes Rentierhaar, dazu weißer, zuweilen auch gelber oder blauer
Wollstoff. Auf der Vorderseite prangten Brustbein und neun Rippen-
paare (vom Brustbein jeweils schräg nach unten verlaufend), auf dem
Rücken die Wirbelsäule und wiederum Rippen (neun, sieben oder fünf

Paare). Das Rückgrat, meist als Streifen dargestellt, konnte auch aus neun gereihten trapezförmigen Segmenten bestehen oder aus einem schmalen Streifen mit seitlich eingestickten Halbkreisen; damit sollten die Rückenwirbel dargestellt werden.

Nicht in jedem Falle zierte ein Skelett den Oberkörper. Zuweilen beschränkten sich die Applikationen auf waagerechte oder senkrechte Streifen, ausgeführt in verschiedenen Farben.

Die Ärmel trugen entsprechende Applikationen: meist weiße Wollstreifen, die Ober- und Unterarmknochen darstellten; oft zusätzlich

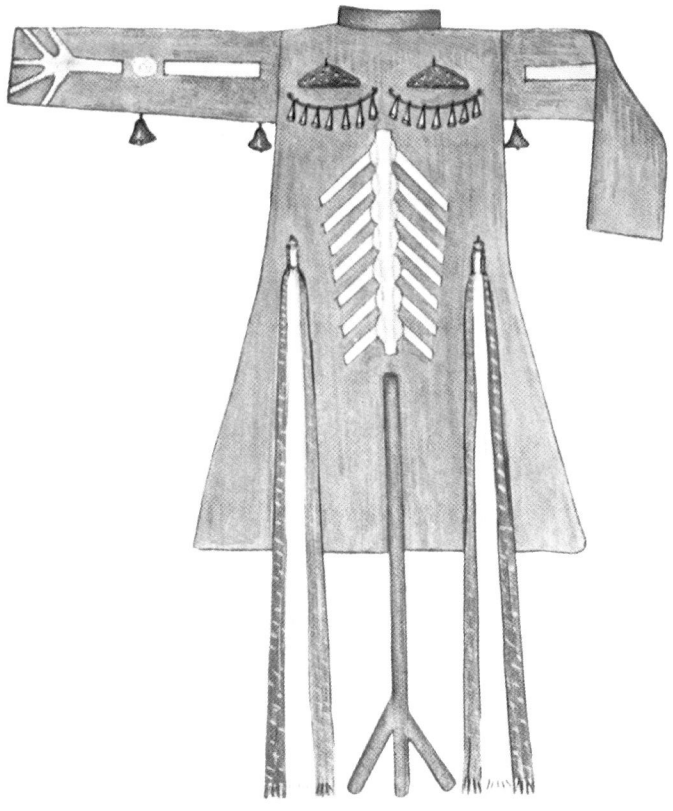

47   Schamanenmantel der Tofa mit Rollenstreifen und Skelettmotiv (Rückansicht)

ein scheibenförmiges Ellbogengelenk und an den Ärmelenden – als schmale Streifen von den Unterarmknochen ausgehend – die fünf Finger. Auch von einem Schultergelenk in Gestalt eines umlaufenden Stoffstreifens am oberen Ende des Ärmels berichtet Diószegi. Anzahl, Art und Position dieser ›Knochenapplikationen‹ waren keineswegs einheitlich; sie konnten auch ganz fehlen.

Neben den oben beschriebenen Rollenbündeln, die den Mantel in großer Zahl schmückten und an den verschiedensten Stellen hingen (Schulterbereich, Brust, Taille, Gürtel), fanden sich Quasten aus Fell oder Stoff, Federn und oft ein sogenannter Schweif. Dieser bestand aus Rentierfell, war zylinderförmig zusammengerollt und lief in drei Enden aus. Befestigt wurde er meist im Steißbeinbereich (Abb. 47).

Wenn die südlichen Völker Sibiriens ihre Kostüme auch nicht so reich mit Metallanhängseln ausstatteten wie z. B. die Jakuten, so kannte man doch auch hier diese Art von Schmuck. Diószegi erwähnt Glocken, Scheiben, Plättchen, Pfeile und Zapfen. Die Glocken kaufte man, alles andere wurde aus dem Blech eines neuen Kessels selbst hergestellt: ausgeschnitten, gelocht, gepunzt und – wo nötig – gerollt. Über den Schultern des Schamanen hingen Blechplatten, die dreieckig, elliptisch oder auch trapezförmig sein konnten und punziert waren. Diese Scheiben galten als spirituelle Schulterblätter des Schamanen. Zwischen oder über ihnen befestigte man an Metallbügeln, hergestellt aus dem Henkel des Kessels, sieben oder neun Metallzapfen. Aus dem Klang der Glocken (die auch die Schulterblätter ersetzen konnten oder an den Ärmeln hingen) vermochte der Schamane nach Aussagen der Tofa Wissenswertes zu erschließen.

Nicht zu jedem Kostüm gehörte ein Brustlatz, nur die Schamanen bestimmter Sippen trugen ihn. Er bestand aus Baumwollstoff und war leicht trapezförmig geschnitten. Halspartie und/oder Seiten konnten ausgewölbt sein. Befestigt wurde der Latz entweder mit Riemen, oder man nähte ihn mit der rechten Seite an den Mantel und knöpfte ihn links zu. Auch den Brustlatz zierte ein Skelettmuster, bestehend aus Brustbein und davon abzweigenden Rippenpaaren; wie beim Mantel war es aus Rentierfell oder Wollstoff gefertigt. Zusätzlich fand sich zuweilen ein spitzwinkliges Dreieck, das den ›Schwanz‹ des Brustbeins, d. h. den Schwertfortsatz, darstellte; des weiteren eine Scheibe aus Rentierhaar, die das ›Loch‹ über dem Sternum markierte, und zwei Schlüsselbeine aus weißer Baumwolle, wiedergegeben als spitze Winkel. Andere Lätze zeigten Brustwarzen und Nabel des Schamanen, gleichfalls in Gestalt runder Scheiben aus Rentierhaar. Zusätzlich geschmückt waren die Brusttücher mit Quasten, Bändern und Fellstreifen.

Die kniehohen Stiefel der Tofa-Schamanen bestanden wie der Mantel aus Rentierfell und setzten sich aus drei Teilen zusammen: Schaft,

48   Stirnband einer Tofa-Schamanin, mit Gesichtsmotiv

Oberteil und Unterteil. Eichhörnchen- oder Luchsfell faßten das Schaftende ein. Darunter, wie auch am unteren Ende des Schaftes, symbolisierten zuweilen Stickereien oder Applikationen in Form horizontaler Streifen aus weißem oder rotem Stoff bzw. Rentierhaar Kniegelenk und Knöchel. Senkrechte Streifen – vorn in der Regel weiß, an den Außen- und Innenseiten der Stiefel auch gelb und blau – versinnbildlichten die Beinknochen. Der Frontstreifen lief auf dem Fuß in fünf Zehen aus. Ein schmales Metallband an der Außenseite der Fußbekleidung symbolisierte wiederum die Unterschenkelknochen.

Die Kopfbedeckung der Tofa-Schamanen beschränkte sich im allgemeinen auf ein federgeschmücktes Stirnband (Abb. 48); seltener trug man eine Mütze oder eine Art Krone (Abb. 50, 49). Diószegi verweist auf die Vielfalt des Kopfputzes, der von Sippe zu Sippe und auch bei jedem einzelnen Schamanen recht unterschiedlich ausfiel.

Der ungarische Ethnologe hatte das Glück, noch Tofa-Frauen zu begegnen, die ein traditionelles Schamanenstirnband für ihn herstellen konnten. Die jüngere Schwester eines ehemaligen Schamanen schuf ihm dessen einstigen Kopfschmuck neu. Diószegi berichtet: »Bevor sie ans Werk ging, suchte sie alles Notwendige zusammen: weißes Baumwollzeug, dunkelblauen Wollstoff, gelbe Seide, weiße und rote Baumwollfäden, schwarzen Klott, ein Bündel Rentierfell, ein Eichhörnchenfell, einen Auerhahnflügel und natürlich Nähzeug. Zuerst schnitt sie aus dem weißen Baumwollstoff und dann ein genauso großes (52 cm lang, 11 cm breit) Stück aus dem dunkelblauen Stoff zu, legte die Stücke übereinander und nähte sie ringsum zusammen. Dann legte sie das Stück der Länge nach über ihr Knie, die dunkelblaue Seite, hier die Außenseite, nach oben. Sie riß etwa zehn oder fünfzehn Haare aus dem Rentierfell heraus, befeuchtete das Bündel mehrere Male mit den Lippen, drückte die Enden der Haare, die nun, weil sie feucht waren, aneinander hafteten, auf den Stoff und nähte sie mit etwa halbzentimeterlangen Stichen auf den Stoff. Wo die Stiche die Rentierhaare zusammenhielten, verengte sich das Bündel natürlich, und es machte den Eindruck von aufgereihten länglichen Perlen. Sie bildete aus den weißen Haaren ein stilisiertes menschliches Gesicht. Während sie arbeitete, trockneten die Haare und lösten sich wieder voneinander. Sie befeuchtete sie immer wieder mit den Lippen und fuhr dann erst mit dem Aufnähen der Rentierhaarbüschel fort.

Als sie mit dem Gesicht fertig war, nähte sie drei Perlmutterknöpfe an das linke Ende des Stirnbandes. Sie führte das Garn so durch die Knopflöcher, daß sich ein Quadrat ergab. An das rechte Ende des Stirnbandes kamen drei Schlingen aus Garn, die zum Zuknöpfen dienten. Nun nahm sie gelbe Seide, roten Baumwollstoff und schwarzen Stoff zur Hand und schnitt von jedem einen 1 m langen und 8 cm breiten Streifen ab, faltete jeden Streifen einzeln in der Mitte und nähte die Kanten zusammen. Die auf diese Weise erhaltenen Bänder nähte sie hinten an die untere Kante des Stirnbandes an. Links das schwarze, in der Mitte das gelbe und rechts das rote Band. Nun machte sie noch kurze Bänder. Sie schnitt von dem schwarzen Stoff und von der gelben Seide je zwei lange Streifen und von dem weißen und roten Zeug je einen 20 cm langen und 3 cm breiten Streifen ab. Sie schnitt die schmalen Enden des gelben und roten Streifens ein, um Fransen zu bekommen, rollte sie dann der Länge nach zylindrisch zusammen und nähte die Enden ab, damit sich die Rolle nicht auflöse. Die Rolle hatte unten eine Quaste, da das Ende eingeschnitten worden war. Von dem weißen und dem schwarzen Stoff machte sie weder eine Quaste noch eine Rolle, sondern schnitt von dem schwarzen Stoff drei Stücke mit gleicher Länge ab, rollte sie zusammen und wickelte das weiße Stück und die drei schwarzen länglichen Stücke rund herum. Nun nähte sie auch davon die Enden ab, damit die Rollen nicht aufgingen. Dann schnitt sie einen 3 cm breiten und 8 cm langen Streifen vom weißen Zeug und von dem schwarzen Stoff einen 3 cm breiten und 16 cm langen Streifen ab, machte an beiden Längsseiten einen Einschnitt, schnitt Streifen; die rollte sie nun zusammen und nähte sie an die Enden der drei Rollen an, die sie vorher angefertigt hatte, indem sie das Weiße an das Weiße und das Schwarze an das Schwarze ansetzte. Jetzt nähte sie die fertigen Bänder rechts und links an die untere Kante des Stirnbandes, und zwar, vom Betrachter aus gesehen, von links nach rechts in folgender Reihenfolge: links – rot, weiß, schwarz; rechts – schwarz, gelb, gelb. Nun schnitt sie das Eichhörnchenfell in 2 cm breite Streifen und faßte damit alle vier Seiten des Stirnbandes ein. Damit fertig, riß sie aus dem Auerhahnflügel neun Federn aus und steckte sie in regelmäßigen Abständen in die Nähte der Felleinfassung, und als sie in der Mitte noch eine lange Flaumfeder angebracht hatte, war das Stirnband fertig« (Diószegi 1963: 288–290).

Solche Stirnbänder konnten auch rot, blau, gelb oder mehrfarbig sein, wobei man zwei oder drei der vier gebräuchlichen Farben kombinierte. Neben Eichhörnchenfell verwendete man Luchs- oder Kaninchenfell sowie Entenfedern zur Verbrämung. Die Schamanen der verschiedenen Tofa-Sippen schmückten ihre Bänder außer mit den üblichen Eulenfedern traditionsgemäß mit solchen des Adlers, Auerhahns, Habichts, Haselhuhns, der Wildgans und des Kranichs. Die Zahl der Federn betrug (wie bei den Strähnen der Rollenbündel) drei, fünf oder sieben.

Häufigstes Motiv der Stickereien oder Applikationen auf dem Stirnband war das Gesicht, das sich aus (meist strichförmigen) Augenbrauen, Augen, Nase, Mund und Ohren zusammensetzte (Abb. 48). Daneben zierten auch geometrische Muster wie Zickzacklinien, Scheiben (hierbei handelte es sich um stilisierte Gesichter) sowie in seltenen Fällen Vögel den Kopfputz, der allerdings auch schmucklos bleiben konnte.

Das Gesichtsmotiv interpretiert DIÓSZEGI als Ergänzung zum Skelett des Mantels bzw. Brustlatzes. Die Applikationen der Tracht stellten also von Kopf bis Fuß einen Menschen dar, was jedoch nicht im Widerspruch zur Vogelsymbolik stand (S. 87).

Die erwähnten Bänder und Strähnen des Stirnbands galten als Haare und Ohrringe, hatten aber zugleich noch eine andere symbolische Bedeutung. Dazu zitiert DIÓSZEGI den ehemaligen Schamanen Wassili Michailowitsch Amastajew, der erklärte, daß das rote der langen Bänder bei ihm schmaler gewesen sei als bei anderen (sein Hauptband war das gelbe), weil seinem Vater, der als junger Mann zeitweise schamanisierte, Rentierblut und auch roter Stoff für einen Kopfschmuck verweigert worden sei. Rot stand für Blut. Da dies seinem Vater nicht zur Verfügung stand, so Wassili, konnte er selbst, als er Schamane wurde, ebenfalls darauf verzichten. Er besitze folglich nur sein eigenes Blut und habe daher nur ein relativ bescheidenes rotes Band getragen.

Neben dem Stirnband waren bei den Tofa auch konische Mützen aus Rentierfell bekannt, die mit weißem, blauem und gelbem Stoff bezogen, mit drei Bändern in diesen Farben behängt und mit Kaninchenfell eingefaßt waren. Die Spitze zierten Wildentenfedern (Abb. 50).

Die relativ seltene ›Krone‹ ähnelte dem Stirnband, wurde jedoch nicht geknöpft, sondern vernäht (Abb. 49). Den wesentlichen Unter-

49 ›Krone‹ eines Tofa-Schamanen, geschmückt mit Federn und Rollenstreifen

50 Konische Mütze eines Tofa-Schamanen, geschmückt mit Wildentenfedern

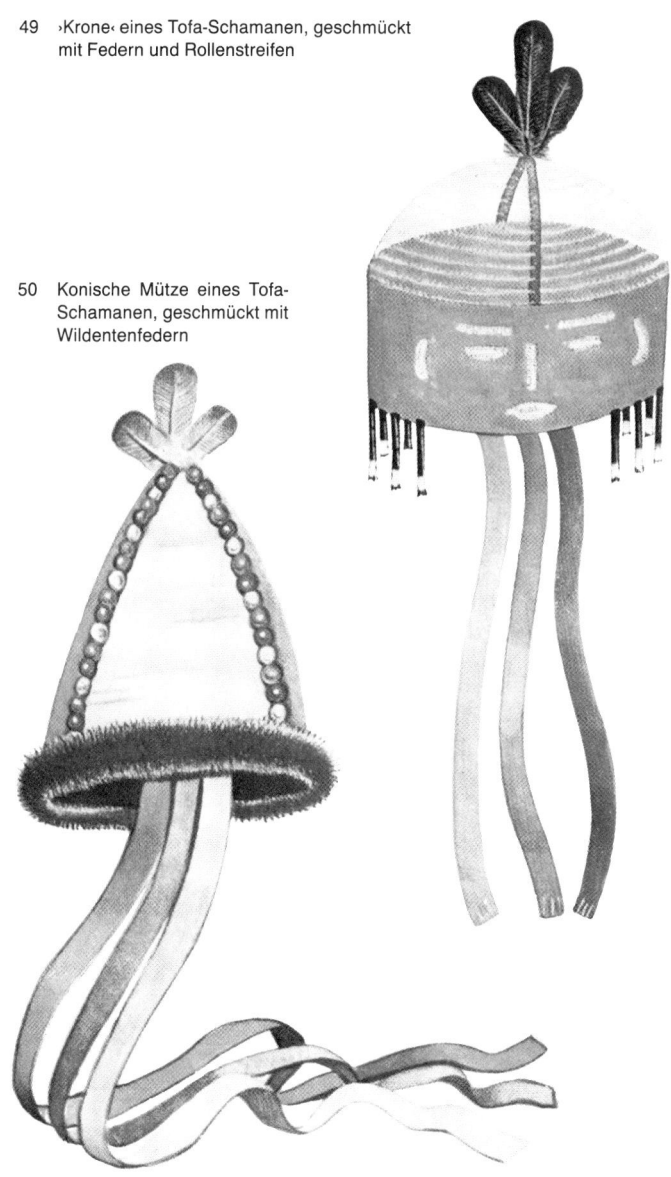

schied machten zwei sich im rechten Winkel kreuzende, gewölbte Eisenbänder aus, die den Schädel überspannten und in ihrer Mitte ebenfalls Federn trugen. Auch an der Krone hingen Bänder und Rollenstreifen.

Um die Schamanentracht, die hier nur in zwei typischen Beispielen vorgeführt werden konnte, in ihrer ganzen Vielfalt zu zeigen, sollen nun weitere, abweichende Formen von Bestandteilen des Zeremonialgewandes aus unterschiedlichen Gebieten und von verschiedenen Ethnien beschrieben werden.

# 6  Kopfbedeckungen

Die S. 88 ff. nicht weiter behandelte cervidenartige Schamanentracht unterschied sich im wesentlichen durch ihre Kopfbedeckung von anderen Kostümen. Es genügt daher, diesen Typus durch Beschreibung eines solchen Kopfputzes vorzustellen.

Nioradze erwähnt die sehr schöne ›Krone‹ eines Schamanen der Keten, die der russische Forscher Anučin 1914 erstmals beschrieb (Abb. 51). Sie bestand ganz aus Eisen. Über einem schmalen Kopfreif wölbten sich zwei im rechten Winkel zusammentreffende Bänder: Eines verlief von der Mitte der Stirn zum Hinterkopf, das zweite von einer Schläfe zur anderen. In ihrem Kreuzungspunkt erhob sich ein mehrendiges eisernes Geweih. An einer Seite der Krone ragte auf gedrehtem kurzem Stiel eine lanzettförmige Spitze bis über den Ansatz des Geweihs auf. Dieser ›Dolch‹ symbolisierte die Fähigkeit des Schamanen, alle Hindernisse zu beseitigen, die sich ihm bei seinen Aufträgen in den Weg stellten; selbst Wolken sollte er damit zerteilen können. Das Geweih wiederum hob das Vermögen des bekrönten Schamanen hervor, sich so rasch wie Hirsch oder Ren fortzubewegen.

Einen anderen Typ von Geweihkopfputz stellt Jochelson vor. Die beiden Exemplare, die er während einer Sibirienreise erwarb, stammen von den Evenken. Es handelte sich um Kappen, auf denen kleine eiserne Rengeweihe angebracht waren. Leider erwähnt Jochelson nicht, aus welchem Material die Kappen hergestellt wurden; vermutlich fertigte man sie wie die übrigen Teile der Tracht aus Rentierfell.

Die erste Kappe lief an den Seiten in keilförmige Zungen aus und war überall mit figuralen (Menschen und Tiere) oder ornamentalen Stickereien aus Sehnenfäden verziert. Die abgebildeten Wesen – JOCHELSON glaubte, u. a. Wolf und Schlange zu erkennen – galten als dienstbare Geister des Schamanen. Fellanhänger und Lederquasten schmückten den hinteren Rand und die rückwärtige Partie der Kappe. Das im Zentrum befestigte kleine Eisengeweih symbolisierte einen rengestaltigen Hilfsgeist.

Die zweite Kopfbedeckung (Abb. 52) ähnelte der soeben beschriebenen, lief jedoch an den Seiten in nahezu rechtwinklige Spitzen aus, an denen Bänder angebracht waren. Im Bereich zwischen den oben und unten verlaufenden dunklen Streifen hatten wiederum Menschenfiguren ihren Platz. Zwei weitere menschenähnliche Gestalten, seitlich am hinteren Teil der Kappe appliziert, besaßen Köpfe, Hände und Füße aus kreisförmig gestickten Perlen. Das Geweih bestand aus mehreren Stangen; am hinteren Rand baumelte ein mit Perlen geschmückter Fellanhänger.

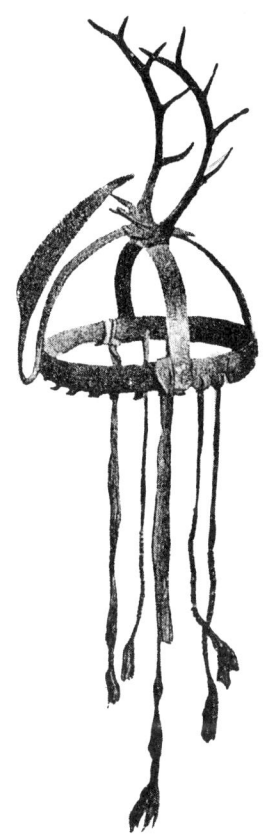

51  Eiserne Geweihkrone eines Schamanen der Keten am Jennisei

Der sowjetischen Ethnologin PROKOFYEVA verdanken wir die Beschreibung des Kopfputzes einer Schamanin der samojedischen Enzen, die am unteren Jenissei als Rentierhalter leben.

Die Kopfbedeckung (Abb. 53) bestand aus einem renledernen Kopfband, dessen beschnittene Haarseite nach innen gekehrt war. Vier Streifen aus dem gleichen Material, die vorn und hinten sowie auf den beiden Seiten am Kopfband ansetzten, trafen oben zusammen.

119

Schwarze und rote Linien sowie aneinandergereihte Dreiecke zierten diese über den Schädel laufenden Bänder. Gesäumt wurden sie von aufgenähtem Renhaar. An beiden Seiten hingen unter Kupferknöpfen jeweils zwei sogenannte Ohrringe herab – Lederriemen, an denen kleine Stücke vom Fell eines Polarfuchses und eines Hundes befestigt waren. Ein aus Kupfer und Messing bestehender plattenförmiger, länglicher Beschlag mit neun herausragenden Laschen schmückte die Stirnseite des Kopfbandes. Diese neun Teile repräsentierten Hilfsgeister der

52  Kappe eines evenkischen Scha-
    manen, mit Geweihnachbildung
    und Applikationen

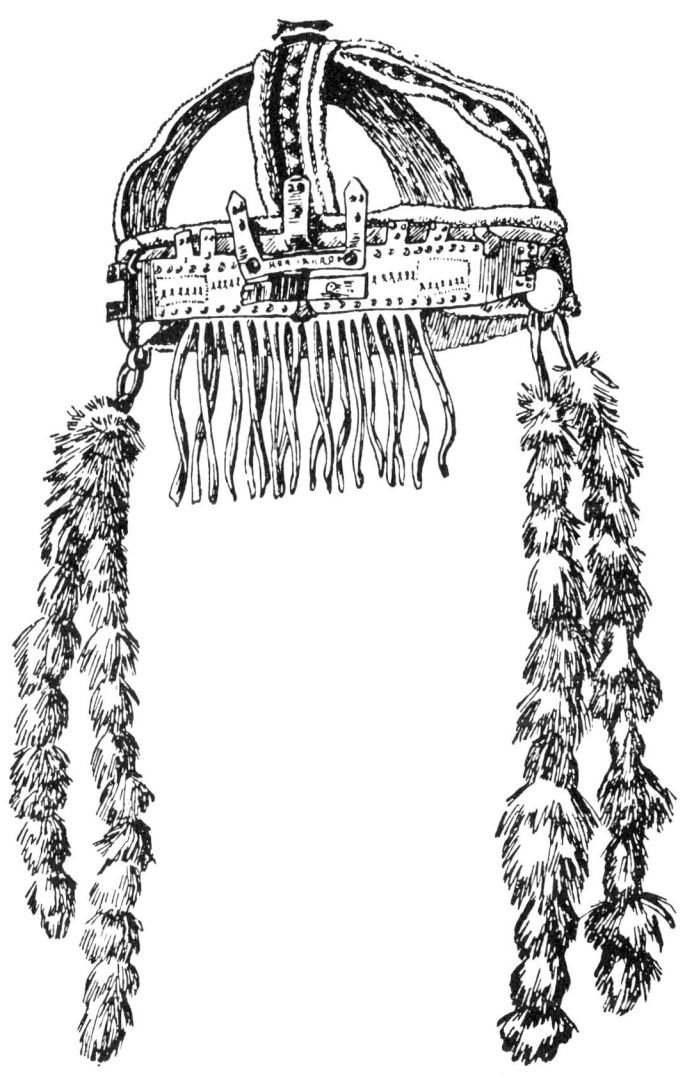

53    Lederner Kopfschmuck einer Schamanin der Enzen (Westsibirien), geschmückt
      mit Fellbehang und Beschlägen aus Messing und Kupfer

Schamanin. Ein zusätzliches herausragendes Messingteil verkörperte die ›vordere Spitze eines Geweihes‹, der die gleiche Funktion zufiel wie dem ›Dolch‹ an der ›Krone‹ des ketischen Schamanen (S. 118; Abb. 51); auch sie sollte Wolken zerschneiden können.

An der Vorderseite befestigte Lederfransen bedeckten die Augen. Dieser Vorhang – bei den benachbarten und verwandten Nenzen durch eine Maske ersetzt – versinnbildlichte die Entfernung der ekstatisch entrückten Schamanin von der profanen Welt; sie war nun abgesondert, blind für das Diesseits, in jenseitigen Sphären, sozusagen ›hinter dem Vorhang‹.

Einen ganz anderen Typus repräsentiert die von SHIROKOGOROFF beschriebene Kopfbedeckung der Schamanen bei den tungusischen Gruppen der Mandschurei. Sie erinnert stark an den Kopfputz lamaistischer Geistlicher oder tibetischer Bon-Priester (Abb. 54). Ein ca. 9 cm breites Kopfband, das hinten mittels Haken und Ösen geschlossen wurde, trug an der Stirnseite einen runden Messing-›Spiegel‹ (die Scheibe

54    Kopfbedeckung eines Schamanen der mandschurischen Tungusen

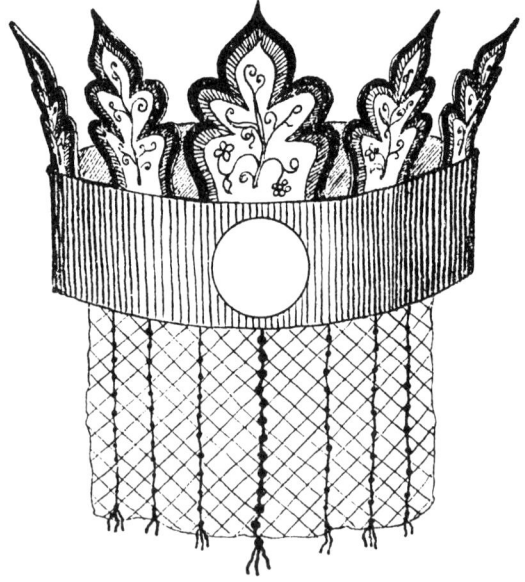

55   Netsilik-Schamane mit perlengeschmücktem Stirnband (um 1920)

konnte auch oval sein oder aus Eisen bestehen). Sieben geschwungene blattähnliche Zungen, durch einen Rahmen aus Draht in aufrechter Position gehalten, erhoben sich über dem Kopfband. Geschmückt wurden sie von einem Rankenmotiv, das chinesische und mandschurische Einflüsse offenbart. Als besonders krafthaltig galten (von den Mongolen erworbene) Kopfbedeckungen dieser Art mit Buddha-Abbildungen. An jeder der sieben Zungen hingen eine Glocke und fünf Bänder. Eine Art Schleier aus schwarzem Gewebe bedeckte des Schamanen Gesicht. In den Schleier eingearbeitet waren sieben Schnüre mit Perlen.

Mit diesen Beispielen ist die Vielfalt der schamanischen Kopfbedeckungen keineswegs erschöpft. Stirnbänder – ähnlich dem oben beschriebenen – waren weit verbreitet. Manche Schamanen der Eskimo trugen solchen Schmuck ständig als Zeichen ihres Amtes (Abb. 55).

Wie NIORADZE berichtet, bevorzugte man bei den meist tungusisch-sprachigen Ethnien am Amur Mützen aus Bären-, Wolfs- oder Fuchs-pelz. Selbst russische Schirmmützen fanden hier Verwendung. Kopfbe-deckungen aus Luchsfell trugen die burjatischen Schamanen, ehe sie nach der fünften Weihe eine eiserne Geweihkrone bekamen. Bei den Tahltan und Carrier, athapaskischen Gruppen in den Rocky Moun-tains von British Columbia, schmückte wiederum ein Kranz von Grizzly-Krallen das Haupt des Schamanen.

## 7 Masken

Eine ähnliche Funktion wie den Fransen oder dem Schleier des Kopf-putzes fiel in Nordasien den Masken zu. OHLMARKS, ELIADE, HARVA und NIORADZE haben die wenigen Beispiele zusammengetragen. Die Burjaten sollen einst Masken aus Leder, Metall oder Holz besessen haben, die südsibirischen Turk-Völker solche aus Birkenrinde mit Bart und Augenbrauen. PROKOFYEVAS Arbeit über das Kostüm einer Enzen-Schamanin enthält drei Abbildungen von Masken, die, an Kopfbän-dern befestigt, das ganze Gesicht verdeckten. Zwei von ihnen zeigten Augensymbole und waren mit Fransen und Anhängern verziert.

Neben ihrer Aufgabe, den Schamanen von seiner profanen Umwelt abzusondern, sollte die Maske auch seine Konzentrationsfähigkeit heben; vielerorts wurde das Gesicht des Schamanen hierzu freilich ein-fach mit einem Tuch bedeckt.

Maskencharakter hatte auch die im Altai und bei den Nanay übliche Schwärzung des Gesichts, anläßlich der Reise des Schamanen ins Totenreich. Er hoffte, sich so besser vor den Jenseitigen verbergen zu können.

Größere Bedeutung als im nordasiatischen Raum kam den Masken im nordwestlichen Nordamerika zu – bei den Eskimogruppen Alaskas sowie bei den Indianern der Nordwestküste. Oft aufwendig und kunst-voll gearbeitet, stellten diese meist aus Holz gefertigten Masken über-natürliche Wesen oder Seelen bzw. Geister von Tieren und Menschen dar. Der amerikanische Wissenschaftler NELSON, der von 1877–1881 bei seinem Aufenthalt im Gebiet der Bering-Straße eine Vielzahl sol-

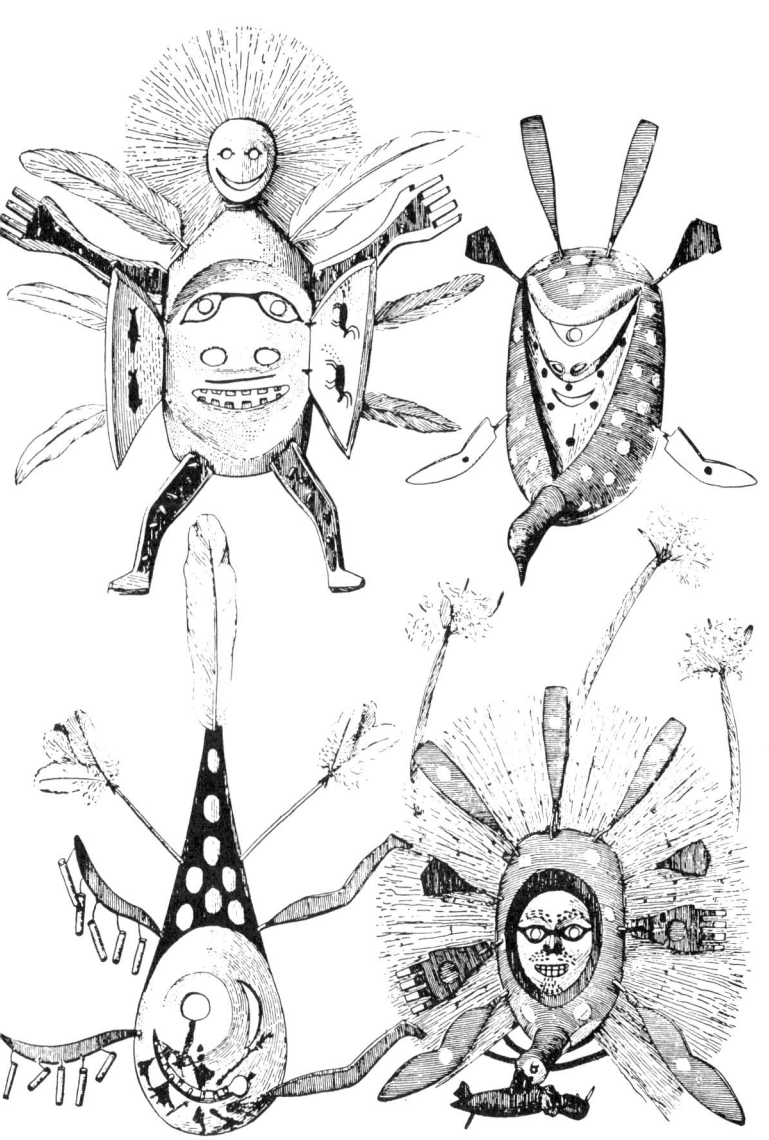

56   Hölzerne Masken der Eskimo aus Westalaska (Arbeiten des 19. Jahrhunderts)

cher Stücke erwarb (Abb. 56, 57), erwähnt die unter den dortigen Eskimo verbreitete Überzeugung, der in einer Maske verkörperte Geist trete bei bestimmten Zeremonien in den Träger ein. Dies entspräche den Vorstellungen, die in Sibirien bezüglich der Schamanentracht verbreitet waren.

Rasmussen, der während seiner 5. Thule-Expedition (1921–24) durch die kanadische Arktis und Nordalaska bis zur Bering-Straße vordrang, berichtet, daß die dortigen Schamanen solche Masken nicht während der Séance trugen, sondern im Anschluß daran, wenn sie ihrem Auditorium die Erlebnisse im Jenseits schilderten. Die in den Masken verkörperten Wesen wohnten dann der Erzählung bei. Jenseitiges Erleben und Darstellung des Erlebten fielen also hier nicht notwendig zusammen. Dazu Rasmussen: »Ein Geisterbeschwörer nimmt eine Reise ins Land der Geister vor und kommt mit einer Menge frischer Eindrücke von den merkwürdigen neuen Gesichtern und den übernatürlichen Erlebnissen, an denen er teilgenommen hat, nach Hause. Er begnügt sich nicht damit, von diesen Dingen im Laufe einer Sitzung zu erzählen, sondern versucht alles, was er gesehen hat, durch Masken und mystische Feste wiederzugeben, wo, wie man sagt, die Geister selbst zugegen sind. Er macht sich daran, Masken auszuschnitzen, welche die Menschen, die er getroffen hat, vorstellen sollen. Aber da er viele Masken braucht, sucht er Hilfe bei den Nachbarn: in jedem Dorfe gibt es viele tüchtige Holzschnitzer. Auf diese Weise entwickelt sich eine ganz besondere Kunst, deren Ziel es ist, die Erlebnisse der Geisterbeschwörung wiederzugeben. Die Holzschnitzer erhalten bestimmte Aufträge, die sie auf Bestellung der Geisterbeschwörer ausführen. Auf diese Weise entstehen die vielen verschiedenartigen, phantastischen und oft grotesken Masken. Die Schamanen begnügen sich aber nicht mit dem äußeren Bilde. Während ihres Besuches lernen sie auch neue Lieder, neue Texte und neue Tänze kennen, und diese werden in die Feste mit einbezogen, so daß alle verschiedenen Masken ihre besonderen Aufgaben bekommen und auf ganz die gleiche Weise sprechen, agieren und auftreten, wie sie es bei jenen Festen taten, wo der Geisterbeschwörer ihnen zum ersten Male begegnete« (Rasmussen 1926: 524).

Solche Masken waren im übrigen nicht den Schamanen vorbehalten, sondern wurden auch bei Walfang- und anderen Zeremonien eingesetzt.

57 Holzmaske der Eskimo aus Westalaska, den Mann im Mond, Herr der Jagdtiere darstellend (19. Jh.)

NELSON beschreibt eine kunstvolle hölzerne Gesichtsmaske, die den Mann im Mond (er galt hier als Herr der Jagdtiere) darstellte (Abb. 57). Ihn hatte der Schamane aufzusuchen und günstig zu stimmen, wenn das Wild ausblieb. Die Maske, ca. 60 cm hoch und fast 30 cm breit, war so schwer, daß sie, wenn der Schamane sie trug, zusätzlich von einem an der Decke des Raumes herabhängenden Riemen gehalten werden mußte. An der Vorderseite konvex und an der Rückseite etwas ausgehöhlt, hatte sie im oberen Bereich einen rechteckigen Umriß, die Kinnpartie war gerundet. Ösen an der Rückseite dienten zur Befestigung. Unter einem die ganze Breite einnehmenden sichelförmigen Mund, geöffnet und mit zwei Reihen hölzerner Zähne gespickt, waren links und rechts wiederum aus Holz gefertigte Lippenpflöcke zu sehen – ein beliebter Schmuck bei den westlichen Eskimo. Der bezahnte Mund setzte sich nach beiden Seiten in dort angebrachte Arme fort, die in durchlochten Händen mit vier Fingern (und rudimentären Daumen) endeten. NELSON zufolge symbolisierten die Öffnungen in den Händen die Freigebigkeit des in der Maske verkörperten spirituellen Wesens;

es beabsichtigte nicht, den Menschen ihre Jagdbeute vorzuenthalten. Zu beiden Seiten der Maske zogen sich über ihre ganze Länge Holzleisten hin und bildeten gemeinsam mit dem jeweiligen Rand zwei weitere bezahnte Münder. Eingezapfte Holzstücke stellten auch hier die Zähne dar. Man glaubte also, der Mann im Mond habe drei Münder. In den Außenseiten dieser Leisten wie auch in der oberen Abschlußkante der Maske steckten Federn. Über der Mundpartie wurde die große gerundete Nase von zwei Löchern durchbrochen. Oberhalb der etwa gleich großen Augenöffnungen zog sich die aufwärts gewölbte Augenbrauenpartie über die gesamte Breite des Gesichts. Spitz zulaufende Holzeinsätze stellten die Augenbrauen dar. Die Stirn war von einer quadratischen Öffnung markiert, deren Bedeutung NELSON unerwähnt läßt. Unterhalb und seitlich davon befanden sich hölzerne Nachbildungen von Jagdtieren (fünf Robben und zwei Rentiere), auf einer der seitlichen Leisten zusätzlich zwei aufgemalte Robben. Vermutlich sollte auch damit die Freigebigkeit des Tierherrn hervorgehoben werden.

Bestimmte Partien der Maske waren bemalt: das Innere der drei Münder, die Handflächen sowie der Streifen über den eingesetzten Augenbrauen rot; die untere Hälfte der Arme blau und das Kinn bläulich; die Lippenpflöcke weiß mit schwarzen Punkten; die obere Hälfte der Arme weiß, durchzogen von einem schwarzen Strich, der den ebenfalls schwarzen Streifen zwischen Mund und Nase nach beiden Seiten verlängerte; schwarz schließlich die sichelförmigen Zeichnungen über den Nasenlöchern und die Augenpartie (in voller Breite). Die Farbgebung hatte sicher nicht nur ästhetischen, sondern auch symbolischen Wert. Leider macht NELSON auch hierzu keine Angaben.

Überraschend ist die Vielfalt der Masken im Bereich der Bering-Straße: grotesk verzerrte Fratzen, phantasievoll kombinierte Tier- und Menschenantlitze, Vogelköpfe und -schnäbel auf oder an menschenähnlichen Gesichtern, Gesichtsdarstellungen, gerahmt von Tierkörpern, meist geschmückt mit Federn oder Rentierfell, oft besetzt mit Händen, stilisierten Beinen, Tierfiguren (Abb. 56, 57, 58). Gelegentlich hingen von diesen Masken kleinere herab, die ebenfalls Hilfsgeister darstellten. Auch Doppelgesichtsmasken, wie sie besonders bei den Indianern der Nordwestküste verwendet wurden (Abb. 56, links oben), waren in Gebrauch: Hinter einer aufklappbaren Tierschnauze kam ein

58   Holzmaske der Eskimo aus Westalaska (19. Jh.)

anthropomorphes Antlitz zum Vorschein, das die Seele des Geistertieres repräsentierte, aber auch die Transformationsfähigkeit spiritueller Tierwesen und nicht zuletzt die des Schamanen in Erinnerung rufen sollte.

Eine solche Verwandlung des Schamanen in ein Tier beschreibt der Forschungsreisende Georg Adolf ERMAN, der im vorigen Jahrhundert die im südlichen Alaska lebenden Tlingit (eine Gruppe der Nordwestküsten-Indianer) besuchte. Im Verlauf der Séance trat der Schamane zweimal in Tiergestalt auf: »Derselbe Hergang wiederholte sich bei der zweiten und den folgenden Darstellungen des Schamanen, nur mit dem Unterschiede, daß der jedesmal eine andere Gestalt annahm. Sein Kopf war nun immer in eine ringsum geschlossene Maske gesteckt, welche das erste Mal den Kopf eines reh- oder schafartigen Tieres darstellte, dem auch das Fell, welches ihn bekleidete, zu gehören schien. In diesem umkreiste er das Feuer ebenso schnell und geschickt wie früher, aber seiner Rolle gemäß auf allen Vieren, bis daß er wieder gebunden und röchelnd und stöhnend hinter die Scene geschleppt wurde. Als er zum letzten Mal entsprungen war, trug er dagegen ein Raubtier- oder vielleicht auch verzerrtes Menschengesicht von blauer und roter Färbung, mit weißen Zähnen in dem offenen Rachen. Er lief nun teils aufrecht, teils wiederum auf Händen und Füßen, bald rückwärts, bald vorwärts« (zitiert nach KRAUSE 1885: 291).

Vereinzelt verwendeten auch die Eskimo der kanadischen Arktis Masken. RASMUSSEN erwähnt eine Ledermaske der Netsilik, ausgestattet mit Augenbrauen und Bart aus Fell, die einen Geist beherbergen sollte, der bei der Séance in den Schamanen einging; gelegentlich ersetzten bei den Eskimo auch Schneebrillen die Masken.

## 8 Schamanengürtel

Schamanengürtel wurden vor allem in zwei Regionen getragen: zum einen bei den Mandschuren, den ihnen benachbarten tungusischen Gruppen des Amur- und Ussuri-Gebietes sowie den an der Amur-Mündung und auf der Insel Sachalin lebenden Niwchen; zum anderen bei den Eskimo der amerikanischen Arktis. In seinem ostasiatischen

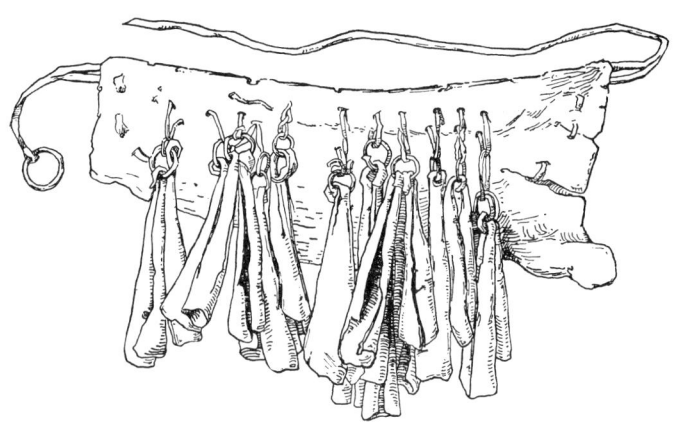

59   Mit Eisenteilen behangener Gürtel eines Schamanen der Nanay, Ostsibirien

Verbreitungsgebiet war der Gürtel Bestandteil eines Kostüms, bei den Eskimo oft einziges sakrales Kleidungsstück des Schamanen und deshalb auch von anderer Art.

Zu dem von SHIROKOGOROFF beschriebenen Mandschuren-Kostüm (S. 92; Abb. 33) gehörte ein breiter, vorn zu schließender Ledergürtel mit zahlreichen konischen Eisenanhängern, die 15 cm und länger sein konnten und der akustischen Untermalung des Auftrittes dienten. SHIROKOGOROFF erwähnt, daß sie in besonderer Weise gestimmt waren – vermutlich durch unterschiedliche Längen. Durch rhythmische Bewegungen des Schamanen gegeneinandergeschlagen, erzeugten diese Eisenteile, die sich ausschließlich auf der Rückseite des Gürtels fanden, einen charakteristischen Klang. Ein solcher ›Schellengürtel‹ konnte mehr als zehn Kilogramm schwer sein.

In ähnlicher Weise gürteten sich die Schamanen der Nanay und anderer tungusischer Gruppen (Abb. 59). Noch reicher ausgestattet waren die ebenfalls sehr schweren und in gleicher Weise getragenen Gürtel der Niwchen, die dem Forschungsreisenden Leopold VON SCHRENCK in den fünfziger Jahren des vorigen Jahrhunderts gezeigt wurden. Als wichtigster Teil des Behanges galt hier eine große Kupferscheibe mit Handgriff, dazu kamen Kupferglocken und Eisenteile unterschiedlicher Gestalt.

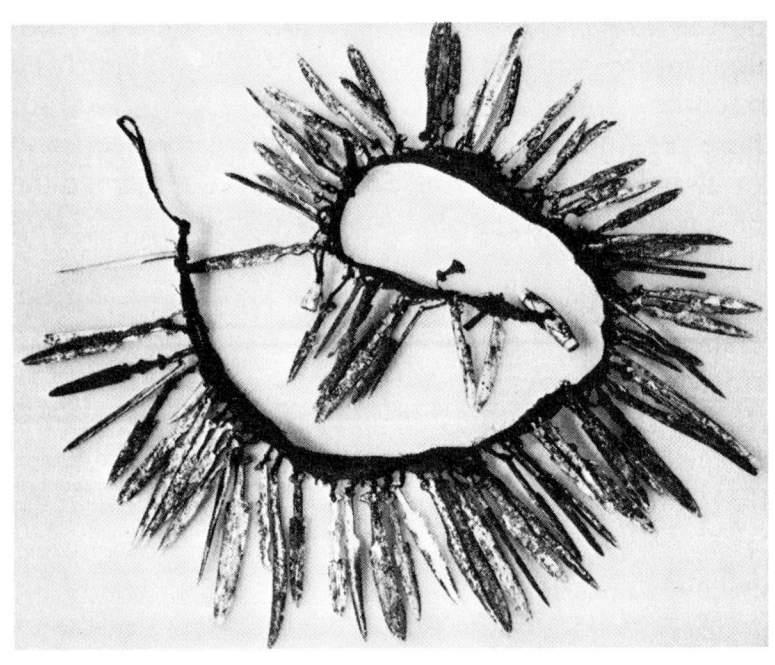

60 Schamanengürtel der Netsilik mit Behang aus Rengeweih (um 1900)

In ihrer Bedeutung mit den asiatischen Kostümen vergleichbar sind die Schamanengürtel der Eskimo. Sie bestanden aus Robben- oder Rentierleder und ähnelten den dort allgemein gebräuchlichen Amulettgürteln. Ihre zahlreichen Besatz- und Behangteile repräsentierten Hilfsgeister, verkörperten bestimmte Fähigkeiten und boten Schutz bei der Jenseitsreise – ganz wie die Komponenten der asiatischen Trachten. Verwendung fanden Materialien unterschiedlicher Art: Knochen und Zähne von Tieren, Fellstücke, Sehnen, Stoffteile, Geweihstücke und anderes. Ein von dem norwegischen Polarforscher AMUNDSEN bei seiner Reise durch die Nordwestpassage (1903–1906) von den Netsilik erstandener Gürtel war rundum mit lanzettförmigen Spitzen aus Rentiergeweih behängt, vermutlich Nachbildungen von Messern und Geschoßspitzen (Abb. 60). Andere Gürtel trugen als Schmuck aus Knochen, Horn oder Walroß-Elfenbein geschnitzte Tierfiguren.

Von den Schamanen der Iglulik, die wie die Netsilik den zentralen Bereich der kanadischen Arktis bewohnen, berichtet RASMUSSEN, daß sie ihren Gürtel bei der Initiation erhielten. An diesem befestigten alle, die den Schamanen kannten, Riemen aus Rentierfell, an denen kleine Schnitzereien hingen, wie z.B. Menschenfiguren aus Knochen, Fische, Harpunen etc. Diese Geschenke wurden durchaus nicht selbstlos erbracht. Die Hilfsgeister des neuen Schamanen sollten vielmehr den Spender anhand seiner Gabe wiedererkennen und ihm niemals ein Leid zufügen. Man versuchte hier also, die potentiell gefährlichen Helfer des Schamanen günstig zu stimmen.

# 9 Weitere Bestandteile des Schamanenkostüms

Bei manchen Ethnien gehörten zu einer vollständigen Schamanentracht noch Handschuhe, Schuhe, Stiefel oder Beinkleider.

Bei den samojedischen Gruppen Nordwestsibiriens, so berichtet PROKOFYEVA, nähte man die Handschuhe an die Enden der Ärmel, und zwar dergestalt, daß ein Schlitz offen blieb, um die Hände einzuführen und herauszuziehen. Der linke Handschuh zählte nur drei Finger, denn er verkörperte die Hand eines dreifingrigen, einbeinigen Waldgeistes; der rechte hingegen – Sonnen-Handschuh genannt – lief in fünf an den Enden offenen Fingern aus. Stickereien aus Renhaar oder Glasperlen zierten die Oberseiten der gefärbten Handschuhe. (Bei den Nganassanen symbolisierte dieser Perlenschmuck die Blutgefäße der Hand.)

JOCHELSON erwähnt den sehr schön geschmückten Handschuh eines evenkischen Schamanen. Aus Rentierfell gefertigt, versinnbildlichte er einen Schutzgeist, den Bären. Tatsächlich erinnert der Handschuh mit seinen Klauen – an den Fingerenden aufgenähte Fellstücke mit langer Behaarung – an eine Bärentatze (Abb. 61). Den Handrücken bedeckte eine von Rentierhaaren eingefaßte Stickerei unbekannter Bedeutung mit einem Kreuz in der Mitte, hergestellt aus gefärbten Fäden, Sehnenfäden und Renhaar. Weitere figürliche Stickereien auf zwei Fingern – sie wurden mit Sehnenfäden ausgeführt – stellten wiederum Hilfsgeister dar.

Die schamanische Fuß- und Beinbekleidung konnte in Form und Ausgestaltung sehr unterschiedlich sein. An einen Indianer-Mokkasin erinnert der bei JOCHELSON abgebildete, mit Fransen besetzte Lederschuh eines jakutischen Schamanen (Abb. 62). Das ganze Bein bedeckte ein ebenfalls lederner, mit Eisenteilen versehener Stiefel der Keten, den HARVA so beschreibt: »Man erklärte mir, dass die an diesem Schuhwerk

61 Bärenhandschuh eines evenkischen Schamanen (um 1900)

befestigten Metallgegenstände alle Knochen der Bärenfüsse darstellten. Am wunderbarsten war es, daß die Knochen sowohl des Vorder- als auch des Hinterfusses des Bären am gleichen Schuhwerk vertreten waren; oben, den Oberschenkel bedeckend, befanden sich außerhalb und innerhalb des Schaftes ein Oberarm- und ein Oberschenkelknochen und unterhalb davon zwei Unterarm- und zwei Unterschenkelknochen, die an vier verschiedenen Seiten angebracht waren; die Pfote des Vorderfusses war am Rist des Stiefels befestigt, die des Hinterfusses wiederum am Hacken« (HARVA 1938: 512f; Abb. 32). Ungewöhnlich erscheint die Anbringung des Skeletts der Vordergliedmaßen an den Stiefeln; ursprünglich befestigte man es wohl an den Ärmeln.

Renlederne Beinkleider evenkischer Schamanen gibt JOCHELSON wieder. Sie reichten ebenfalls bis zum Oberschenkel. Die Sohlen des ersten Paares bestanden aus Seehundfell. Die Fußpartie eines dieser Stiefel war schwarz, der Spann gelb gefärbt; beim zweiten Stiefel verhielt es sich umgekehrt. Ob dies nur dekorative Funktion hatte oder symbolische Bedeutung, wird leider nicht mitgeteilt. Die Schäfte waren lediglich am Knie und Schienbein mit perlenbesetzten Lederfransen geschmückt. Vom oberen Rand hingen vorn jeweils zwei Bänder herab, die möglicherweise zur Befestigung dienten.

Reicheren Schmuck trug ein anderes Beinkleid der Evenken (Abb. 63): Lederfransen, Quasten aus dem Fell eines neugeborenen Rentieres und Stickereien, ausgeführt mit gefärbtem Ren- und Elchhaar. Aufgestickt waren ein Kreuz auf dem Spann sowie ein in einen Kreis einbeschriebenes Kreuz auf einer von Fell gesäumten runden Applikation am Knie. Beide hatten nur dekorativen Wert.

Aus Stoff oder Leder gefertigte Behangteile wurden bereits im Zusammenhang mit der Tracht der Tofa vorgestellt (S. 106 ff.). Ergänzend sollen noch einige dort nicht vertretene Gegenstände genannt werden.

Zu dem von PROKOFYEVA untersuchten Kostüm einer samojedischen Schamanin gehörte ein sogenanntes Augenband aus Rentierleder, das am Mantel hing. Länglich-oval, in Spitzen auslaufend, war es ca. 26 cm lang. Den Rand säumte weißes Rentierhaar, dem Umriß folgte ein schwarzer Streifen, die Mitte war rot gefärbt und mit zwei schwarzen Flecken bemalt. Diese repräsentierten die Augen der Schamanin, mit denen sie jenseitige Wesen und den Weg in den jenseitigen Lebensbereich erkennen konnte.

An den Schamanenmänteln der türkischen Gruppen im Minussinsker Becken (südliches Sibirien) hingen Votivgaben geheilter Personen – meist Tücher, aber auch Metallgegenstände. Der Reisende VON LANKENAU zählte ca. fünfhundert solcher Stofflappen an einem einzigen Kostüm.

Besonders reich behängt waren die Schamanenmäntel im Altai-Gebiet: u. a. mit Hermelinfellen, Eulenkrallen, Federbüschen, Muscheln, Stoffsäckchen und Stoffpuppen. Die Puppen stellten die neun Töchter des Himmelsgottes Bai Ülgän dar, neun Säckchen ihre Nähnadelbüchsen.

Der Vielfalt der Bestandteile und der Fülle der Interpretationen scheinen hier kaum Grenzen gesetzt.

63  Renledernes, mit Fransen, Quasten und Stickereien dekoriertes Beinkleid eines evenkischen Schamanen (um 1900)

62  Mit Fransen geschmückter Schuh eines jakutischen Schamanen (um 1900)

# 10  Metallanhängsel und die Bedeutung des Eisens

Bereits bei der Beschreibung eines jakutischen Schamanengewandes (S. 99 ff.) wurden verschiedene Typen von Metallzubehör genannt: u. a. ›Rippen‹, Glocken und Rasseln, zoomorphe und anthropomorphe Figuren. Vielgestalt war vor allem die Gruppe der Tierfiguren mit Taucher, Storch, Schwan, Adler, Eule, Kranich, Möwe, aber auch mythischen Vögeln, daneben Cerviden, Hund und Bär – durchweg Darstellungen tiergestaltiger Hilfsgeister.

Einige besonders schöne Stücke gehörten zu der von PROKOFYEVA vorgestellten Tracht, darunter zwei stark stilisierte, am Rücken befestigte Rentierfiguren, beide aus langgestreckten, flachen Eisenblechen gefertigt (Abb. 64, A, B). Ein Exemplar war an beiden Seiten stark eingekerbt, dazu mehrfach, offenbar um einen Schwanz darzustellen, am hinteren Ende. Das Geweih bildeten zwei nach hinten und oben aufgebogene Streifen, die in Spitzen (Geweihenden) ausliefen. Das zweite Stück mutet fast modern an: Eine einzige im rechten Winkel zum flachen Körper stehende Geweihstange endete in drei Spitzen. Der schlichte, nicht weiter bearbeitete flache Korpus wies Löcher und Ösen zur Befestigung auf. Beide Figürchen verkörperten in der Vorstellungswelt der Enzen Rentiere des ersten (untersten) Himmels, auf denen die Schamanin in die Oberwelt ritt.

Als Vogelgeist, d. h. als Tier himmlischer Herkunft, galt den Enzen auch der Kranich, dessen Abbild im Zusammenhang der ›PROKOFYEVA-Tracht‹ aus einem 21 cm langen Flacheisen gestaltet wurde. Zwischen zwei dornartigen Fortsätzen, den Füßen, schoben sich Schwanzfedern hervor, den Rücken zierte ein aus geraden Linien zusammengesetztes Ornament; kleine Spitzen beiderseits der vorderen Partie deuteten Flügel an; der charakteristische langgestreckte Hals war in sich gedreht und endete in einem stark vorspringenden länglichen Kopf (Abb. 64 C).

In der Grundform ähnlich, wenn auch mit breiterem Körper, Kopf und Schwanz, deutlicher ausgearbeiteten Flügeln sowie einem großen Fuß wurde ein anderer Hilfsgeist dargestellt: der Seetaucher. Er diente der Schamanin als Reittier in die Unterwelt. Der religiösen Überlieferung zufolge hatte er auch Anteil an der Schöpfung.

Von der Bedeutung des Adlers bei den sibirischen Völkern war bereits die Rede (S. 86). Er trat am Gewand der Enzen-Schamanin als

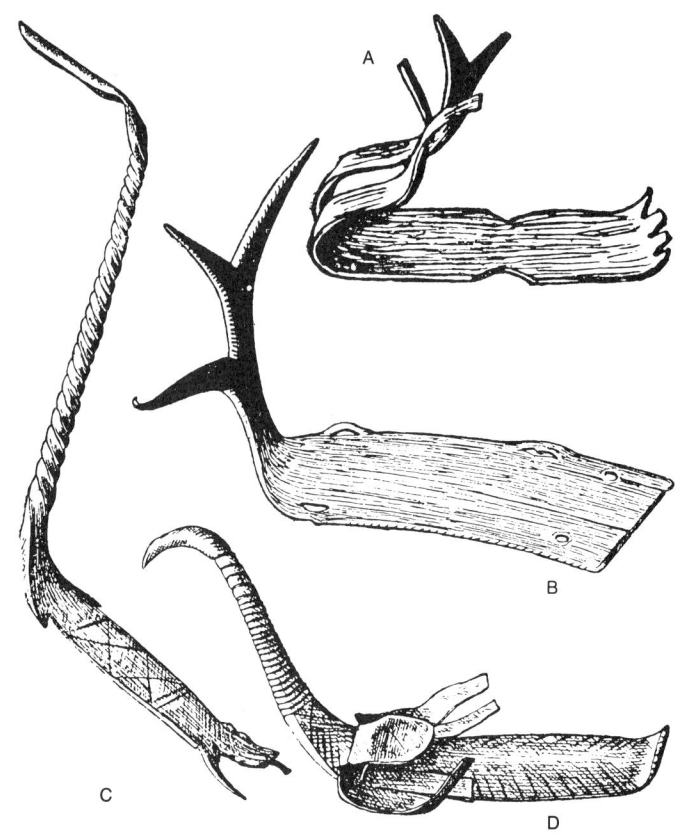

64  Eiserner Behang (Hilfsgeister) vom Kostüm einer Schamanin der Enzen:
A, B Rentiere, C Kranich, D Mythischer Vogel (dreißiger Jahre dieses Jahrhunderts)

mythischer Vogelgeist *minley* auf (Abb. 64 D), galt aber zugleich auch
als Sohn Gottes und Herr des Windes. Auf seinem Rücken war zwischen den links und rechts befestigten Flügeln (Blechstreifen) eine
kleine Platte – ein Nest – angebracht. So sollte an das Werden der Schamanen erinnert werden, die nach der Überlieferung vieler sibirischer

Völker in einem Nest auf dem Weltenbaum heranwuchsen. Möglicherweise handelte es sich bei diesem Vogel um die Tier-Mutter der Schamanin. Der in der Schwanzpartie hochgebogene Körper war – wohl, um Federn anzudeuten – durch schräg angesetzte Strichelung gekennzeichnet. Der spitze Kopf saß auf einem nach vorn ausschwingenden Hals.

Stärker stilisiert ist ein bei Nioradze abgebildeter Adler, der zu einem jakutischen Schamanengewand gehörte. Den länglichen, rechteckigen Körper, der in einem breiten Schwanz auslief, zierten beiderseits Strichgravuren. Die Flügel traten nur wenig hervor, der Kopf hatte die Form einer zweizinkigen Gabel; vermutlich sollte auf diese Weise der Schnabel betont werden.

Hunde- und Bärengeist wurden auf dem jakutischen Gewand durch Figuren aus Eisenblech repräsentiert. Der stilisierte Bär, unter Verzicht auf alle Details dargestellt, gab sich allein durch die charakteristische Silhouette zu erkennen (Abb. 65). Den hochbeinigen Hund mit überlangem Rumpf kennzeichnete die aufgerichtete Rute. Beide Tiere sollten den Schamanen gegen böse Geister verteidigen.

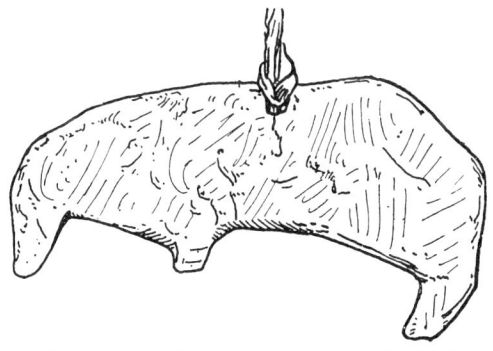

65   Eiserner Bärenanhänger eines Schamanenkostüms der Jakuten

Die gleichfalls bei Nioradze erwähnte anthropomorphe Figur am Mantel eines Keten-Schamanen stellte die siebte Menschenseele dar. Wie zahlreiche andere, insbesondere sibirische Ethnien glaubten die Keten, daß dem Menschen eine Vielzahl verschiedenartiger Seelen innewohne.

Anhänger in Form von Werkzeugen und Waffen zeigten an, daß der Schamane im Kampf mit den Geistern über wirksame spirituelle Gerätschaften verfügte: Eine Säge half, Hindernisse aus dem Weg zu schaffen; mit Axt, Pfeil und Bogen bestritt der Schamane seine Kämpfe; mit einer Schaufel verdeckte er seine Spur.

Abschließend noch einmal zum Gewand der samojedischen Schamanin und zu den Abbildern himmlischer Helfer, die ihren Brustlatz zierten: Zwei ca. 20 cm lange ornamentierte sichelförmige Platten – eine aus Eisen, eine aus Kupfer – wiesen an ihrer konkaven Seite jeweils sieben ›Gesichter‹ auf: kleine, dreispitzige Vorsprünge, auf denen durch Punkte Augen, Nase und Mund angedeutet waren. Drei zugehörige, ähnlich geformte Platten aus Messing trugen dagegen keine Geisterköpfe. Ein aus Weißblech gefertigtes Gesicht, ebenfalls auf dem Brustlatz plaziert, stellte einen Schutzgeist dar, der Krankheiten abwehren sollte.

Die Frage, warum viele Völker – und hier besonders die Jakuten, Evenken und Keten – ihre Zeremonialkostüme so reichhaltig mit Metall- bzw. Eisenschmuck versahen, verdient eine gesonderte Erörterung. Wirbelte der Schamane im rauschhaften Tanz durch Hütte, Zelt oder Jurte, dann trug nach übereinstimmendem Zeugnis aller Beobachter das Klirren des metallischen Behangs, untermalt vom Dröhnen der Trommel und den Äußerungen des Ekstatikers, entscheidend zur Faszinationskraft der Darbietung bei.

Wichtiger jedoch war die spirituelle Bedeutung des Eisens. Viele Völker, bei denen Schamanen agierten, glaubten, daß Geister sich vor metallischen Gegenständen fürchteten, daß bereits der Klang der Rasseln, Glocken und aneinanderschlagenden Platten manche von ihnen zur Flucht veranlasse. Aber auch als Panzer gegen die Angriffe von Dämonen wurde der Eisenschmuck aufgefaßt.

Eisen galt den sibirischen Völkerschaften als ein merkwürdiges, ja geheimnisvolles Element. Hart und beständig im Vergleich zu sonst verwendeten Materialien wie Leder und Holz, weckte es Assoziationen zum menschlichen und tierischen Skelett als dem dauerhaften Träger der Lebenssubstanz. Dem entspricht, daß die Skelettsymbole der Schamanentracht aus Eisen bestanden. Die Verarbeitung des Eisens, Aufgabe eines Spezialisten, des Schmiedes, erschien den Mitgliedern der Gemeinschaft rätselhaft und gefährlich, erforderte sie doch die

Herrschaft über das Feuer. Dem Schmied, dem seine beruflichen Fähigkeiten eine besondere soziale Stellung verliehen, schrieb man entsprechend ungewöhnliche spirituelle Kräfte zu, die ihn in die Nähe des Schamanen rückten. Religiöse Vorstellungen, die vielleicht ursprünglich mit dem Feuer und seinen jenseitigen Meistern verknüpft waren, wurden auf das feuergeschaffene Eisen übertragen. Auch in den schamanistischen Geister- und Seelenglauben fand dieses Konzept Eingang: Eisengegenstände, oft künstlerisch gestaltet, galten als bevorzugter Aufenthaltsort spiritueller Wesen.

Somit wird verständlich, daß Metall und Metallurgie in der Vorstellungswelt vieler nordasiatischer Völker in engem Konnex mit dem Schamanentum standen. Schamane wie Schmied herrschten über das Feuer (vom Schamanen demonstriert durch die Berührung glühenden Metalls, Gehen durch das Feuer etc.), beide hatten einen besonderen sozialen Status und konnten aufgrund ihrer jeweiligen ›beruflichen‹ Fähigkeiten der Allgemeinheit gefährlich werden.

Mächtige Geister und Götter, die dem Schamanen zu einem neuen Körper, insbesondere zu einem neuen Skelett, verhalfen, stellte man sich oft als Schmiede vor (S. 48). Das Werden des Schamanen implizierte in diesen Fällen ein ›durchs Feuer gehen‹, ein Geschmiedetwerden – eine weitere Assoziation zum Eisen. Als Herren über das Feuer konnten auch die irdischen Schmiede dem Schamanen gefährlich werden und seine Seele brennen lassen, während er umgekehrt nur beschränkte Macht über sie besaß – wie der russische Forscher POTAPOV von den nordsibirischen Dolganen berichtet, bargen die Schmiede ihre Seele im Feuer und konnten sie so dem Zugriff des Schamanen entziehen. Offenbar war die Macht des Schamanen über das Feuer hier begrenzt.

Nicht überall im nordasiatischen Schamanentum spielte das Eisen freilich eine so explizite Rolle. PROKOFYEVA erwähnt, daß bei den ugrischen Gruppen Westsibiriens (den Chanten und Mansen) und bei den samojedischen Selkupen nicht nur die Geister, sondern einstmals auch die Schamanen das Eisen fürchteten und mieden. Daß dort dennoch metallbehangene Kostüme vorkamen, wertet sie als jüngere Entwicklung, geschuldet äußeren Einflüssen. Ursprünglich habe die Zeremonialkleidung bei diesen Ethnien keinerlei Eisenteile aufgewiesen.

Indessen bestätigt auch eine solche Meidung den geheimnisvollen und gefährlichen Charakter des Eisens. Ob man glaubt, sich seine magischen Eigenschaften dienstbar machen zu können, oder ob man es für unbeherrschbar hält und deshalb meidet – in beiden Fällen wird die dem Eisen innewohnende Macht anerkannt.

# 11 Die Schamanentrommel

## a) Allgemeines

Von gleicher Bedeutung wie das Kostüm war für den Schamanen die Trommel. HERMANNS zählt sie sogar zu den drei charakteristischen Merkmalen eines Schamanen – neben der rituellen Ekstase und der Skelettsymbolik. Tatsächlich berichten die Reisenden und Ethnographen aus Sibirien weit häufiger von Schamanen, die ohne besonderes Gewand agierten, als von solchen, denen die Trommel fehlte.

Das Verbreitungsgebiet der Schamanentrommel reichte von Lappland über Nordeurasien, die nordamerikanische Arktis und Subarktis bis nach Grönland. Es handelte sich dabei meist um eine Rahmentrommel mit regional unterschiedlicher Gestalt. Während in Nordeurasien der runde, ovale oder eiförmige Typ mit rückwärtigem Griff dominierte, besaßen die Tschuktschen im äußersten Nordosten Sibiriens und die Eskimogruppen der amerikanischen Arktis eine Trommel mit seitlich angebrachtem Griff (Abb. 66). Doppelfell-Tambourine waren vor allem bei den Indianern der östlichen Subarktis in Gebrauch: den Cree, den Montagnais und Naskapi. Als klein, rund und sehr flach wird die Trommel der mandschurischen Schamanen geschildert. Von ganz anderer Art war die hölzerne Kastentrommel, gebräuchlich an der Nordwestküste Nordamerikas (hier nicht beschrieben). Bei den weiter südlich lebenden Indianern Kanadas und der USA wie auch in Lateinamerika verwendeten die Schamanen anstelle der Trommel meist eine Rassel, in der Subarktis wurden Trommel und Rassel nebeneinander benutzt. Die ostgrönländischen *angakkut* bevorzugten ein kleines Schlagfell, daß sie in der Handfläche hielten und mit dem Schlegel zum Klingen brachten. Auch in Nordasien konnte im übrigen auf die Trommel verzichtet werden; bei einigen Völkern wurde sie ganz oder teilweise ersetzt durch Bögen, Stäbe und/oder Glocken (S. 174 ff., 183).

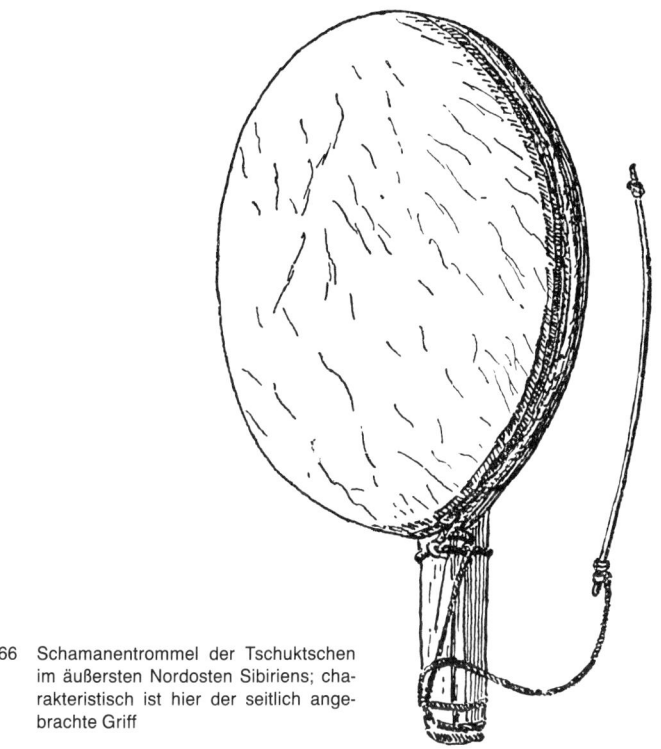

66 Schamanentrommel der Tschuktschen im äußersten Nordosten Sibiriens; charakteristisch ist hier der seitlich angebrachte Griff

Die Gongs und Trommeltypen, die bei den Bon-Priestern Tibets, den lamaistischen Buddhisten Tibets und der Mongolei sowie in Korea, Japan und China bei Zeremonien, die an schamanische Rituale erinnern, Verwendung fanden, sollen hier nicht behandelt werden, da sie in einem anderen kultur- und religionsgeschichtlichen Kontext stehen.

Die Trommel diente der musikalischen Untermalung der Séance, half dem Schamanen, sich in Trance zu versetzen, und war wie das Kostüm mit spiritueller Kraft begabt und symbolgeladen. Vielerorts gebrauchte sie der Schamane als Reittier bei seiner Jenseitsreise. Sie verkörperte dann oft das Tier (bzw. sein spirituelles Pendant), dessen Fell zu ihrer Herstellung verwendet wurde. Der Trommelschlegel galt entsprechend als Peitsche. Manche Schamanen besaßen unterschiedliche Trommeln zur Fahrt in den Himmel und in die Unterwelt. Für die Jukagiren, so berichtet JOCHELSON, symbolisierte die Trommel das Loch, durch welches der Schamane in die Finsternis der Unterwelt hinabstieg.

Auch die Assoziation der Trommel mit dem Weltenbaum stand in Verbindung zur Jenseitsreise. Der von den Geistern bestimmte Baum – selbst ein spirituelles Wesen –, dessen Holz zur Anfertigung des Rahmens diente, symbolisierte den Weltenbaum, der, wie man glaubte, einer Achse gleich im Zentrum des Kosmos Himmel, Erde und Unterwelt miteinander verband und als Weg von einem zum anderen Bereich genutzt wurde. Die zentralsibirischen Evenken, nach deren Überzeugung die kosmischen Sphären sich entlang eines Weltenflusses reihten, sahen in der Schamanentrommel denn auch eine Art Boot und im Schlegel das Paddel. Auch den Mandschuren im Nordosten Chinas galt die Trommel – so SHIROKOGOROFF – als ›seetüchtig‹. Mandschurische Schamanen befuhren in ihrer Entrückung damit die Weltmeere.

Ehe er seine Jenseitsreise antrat, stellte der Schamane mit Hilfe der Trommel den Kontakt zu seinen außerirdischen Helfern her. Das Dröhnen des Instruments rief die Geister herbei, die sich dann in der Trommel selbst oder in der Nähe des Schamanen aufhielten. RADLOFF beschreibt, wie ein Schamane im Altai-Gebirge mit seiner von Geistern erfüllten und deshalb machtvollen Trommel eine Totenseele, die den Weg ins Reich der Abgeschiedenen nicht antreten wollte, in die Enge trieb und schließlich ihrem Bestimmungsort zuführte. Auch feindliche Geister vermochte der Schamane mit seinem Instrument einzufangen und zu bannen. Die Vorstellung, daß die Trommel selbst von einem Geist bewohnt werde, dem Herrn der Trommel oder der Trommelseele – oft dargestellt im Griff (S. 157 f.; Abb. 67) –, war weit verbreitet. Die Eskimo waren sogar der Überzeugung, eine Trommel könne sich aufgrund der ihr innewohnenden Kraft selbständig machen und im Raum umherwirbeln.

Die Montagnais und Naskapi, Gruppen der Labrador-Halbinsel, wiederum betrachteten ihre Doppelfell-Trommeln als lebendige Wesen. Das eine Fell galt als Kopf, das andere als Schwanz und der Trommelschall als Stimme, die sich dem Schamanen (aber auch anderen Eingeweihten) mitteilte. Erschien die Trommel einem Schamanen im Traum, wollte sie ihm damit kundtun, daß sie etwas zu sagen habe, d.h. geschlagen werden müsse.

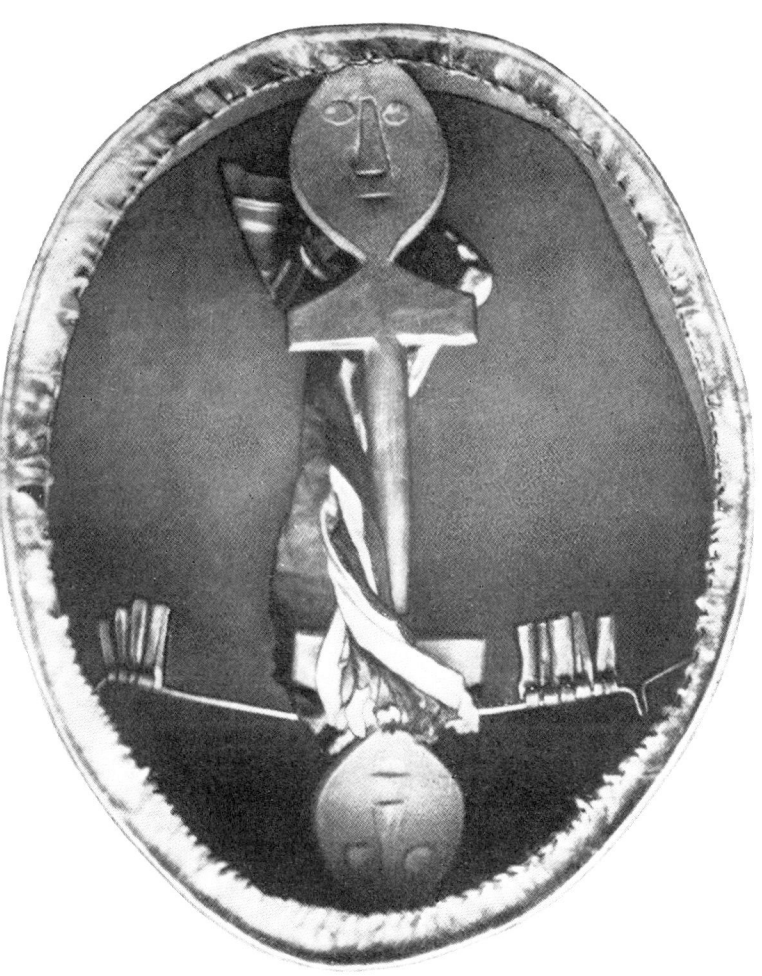

67    Schamanentrommel aus dem Altai mit anthropomorphem Griff

Auf andere Art gaben die Trommeln der im nördlichen Skandinavien und auf der Kola-Halbinsel lebenden Samen Auskunft. Mehr als
anderswo diente das Instrument hier zur Divination: Auf das mit Symbolen und Bildern bemalte Fell (Abb. 68) legte man einen Gegenstand

(Abb. 18), der beim Schlagen mitvibrierend seinen Ort veränderte und dessen Endposition, im Verhältnis zu den Abbildungen bewertet, den Schamanen zur Weissagung über Zukünftiges und Verborgenes befähigte.

Schließlich konnte sich der Schamane durch Trommelschlag den Göttern und Geistern auch unmittelbar mitteilen. POTAPOV erwähnt eine altaische Trommel, deren obere bzw. untere Hälfte dem Gespräch mit den Göttern des Himmels bzw. der Unterwelt vorbehalten waren.

Bemalung und Behang der Trommel hatten wie die Einzelteile und der Schmuck der Schamanentracht hohen Symbolwert. Geisterbilder, Darstellungen von Schamanen und ganze Kosmogramme zierten das Trommelfell (Abb. 69) – zuweilen gleichzeitig auf der Außen- und auf

68  Motive vom Fell einer Schamanentrommel der Samen, Lappland

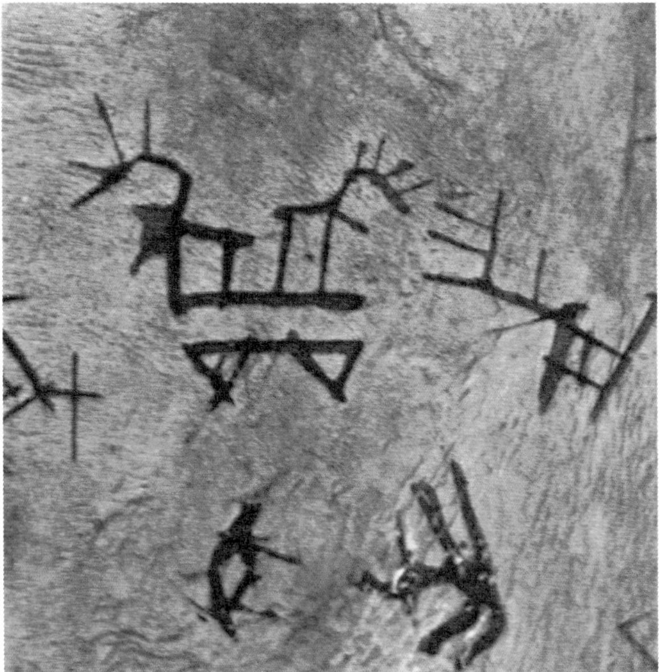

der Innenseite, häufig aber auch nur außen, gelegentlich wiederum nur innen.

Nicht überall besaß der Schamane von Anfang an eine Trommel. Novizen und Initianden mußten oft jahrelang warten, bis die Geister Anweisung zur Fertigung des Instruments gaben oder der Lehrer die Zeit für gekommen hielt. Wie Popov von den Nganassanen erfuhr, besaßen erfahrene Schamanen andererseits nicht selten mehrere Trommeln, die spezifischen Aufgaben (z.B. der Krankenheilung, der Weissagung oder der Geburtshilfe) zugeordnet waren. Prokofyeva berichtet von besonderen Trommeln für die Himmels- und die Unterweltsfahrt bei den Enzen. Bei dieser sibirischen Gruppe fehlten dem ersten Instrument eines Schamanen im übrigen die Eisenteile. Erst nachdem er sich

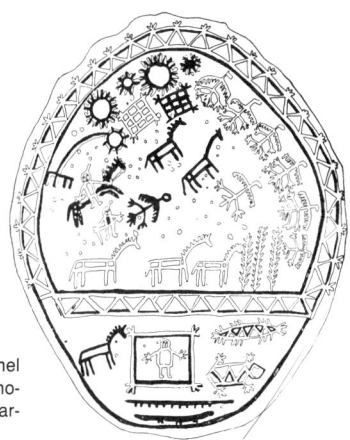

69   Bemalung einer Schamanentrommel
aus dem Altai-Gebiet u. a. mit kosmologischen Symbolen und Geisterdarstellungen

mit dem Provisorium einige Jahre beholfen und sich bewährt hatte, stand ihm eine ›vollwertige‹ Trommel zu. Oft bestimmten die Geister auch, wie lange eine Trommel verwendet werden durfte und wann sie zu ersetzen war.

*b) Materialien und Herstellungsprozeß*

Eine Schamanentrommel bestand aus Rahmen, Fell, eisernem oder hölzernem Griff und Schlegel. Oft zapfte man dem Rahmen von außen noch hölzerne Resonatoren ein. Den Rahmen und die Resonatoren fertigte man wechselweise aus dem Holz der Birke, Lärche, Fichte, Tanne, Kiefer, Zeder, Esche, Weide und Pappel. Neben lokalen Traditionen entschieden über die Holzwahl vor allem die Anweisungen, die der Schamane von seinen Geistern erhielt. Bei manchen Trommeln bestanden Rahmen, Griffteile und Resonatoren aus verschiedenem Holz. Die 21 Resonatoren eines Instruments der Tofa, das sich im Besitz des Leipziger Völkerkundemuseums befindet, wurden, so HARTWIG, aus 21 verschiedenen Holzarten hergestellt – der Rahmen aus Tanne.

Das Trommelfell – auch hier konnten die Geister die Auswahl beeinflussen – fertigte man aus der Haut von Rentier, Pferd, Hirsch (meist Maral), Rehbock, Elch oder Steinbock. Die arktischen Seesäugerjäger verarbeiteten zudem auch Fell oder Innereien (Darm, Magen) von Robben; die vom Fischfang lebenden Gruppen am Amur und an der nordasiatischen Pazifikküste Fischhaut und -blasen.

Das Tier, dessen Fell man verwendete, mußte vielerorts bestimmten Erfordernissen genügen. Bei den Tofa – so erfuhr DIÓSZEGI – durfte es weder zu alt noch zu jung sein. Sollte die Trommel ihre Funktion als Reittier zufriedenstellend erfüllen, mußte ihr Schlagfell von einem Tier stammen, das dieser Aufgabe nach Alter und Konstitution gewachsen war.

Für den Schlegel (Abb. 70), der meist mit Fell überzogen war, um den Ton zu dämpfen, verwendete man Holz, Knochen, Geweihteile oder fossiles Mammutelfenbein, das aus Sibirien stammte. Bei den Tschuktschen und Eskimo bestanden die dünnen langen Trommelstäbe häufig aus Walknochen.

Die Reihenfolge, in der die einzelnen Teile der Schamanentrommel hergestellt wurden, wechselte nach den jeweiligen Traditionen der ethnischen Gruppen und den spezifischen Anweisungen der Geister. Der gesamte Fertigungsprozeß wurde im übrigen von sakralen Handlungen begleitet; man stellte ja kein profanes Musikinstrument her, sondern einen mit spiritueller Kraft begabten Kultgegenstand, und der Kontakt zu jenseitigen Mächten erforderte im Fertigungsprozeß von allen Beteiligten ein besonderes Verhalten.

Die meisten ethnographischen Berichte heben hervor, daß der Schamane seine Trommel nicht selbst herstellte, sondern nur die notwendigen Instruktionen gab, die seine Verwandten und Freunde, gelegentlich (z.B. im Altai-Gebirge und bei den Nganassanen) auch Spezialisten dann ausführten. Davon, wie man verfuhr, vermittelt die Erzählung eines Schamanen der nordsibirischen Nganassanen (seine Initiationserlebnisse wurden auf S. 49 dargestellt) einen Eindruck. Der russische Forscher POPOV hat diesen Bericht dokumentiert:

»Im dritten Jahr nach der Berufung zum Schamanen, im Winter, in der dunklen Zeit, sah ich einen Traum: die Geister sagten mir, daß die Zeit gekommen ist, eine Trommel anzufertigen. Damals wählte ich in

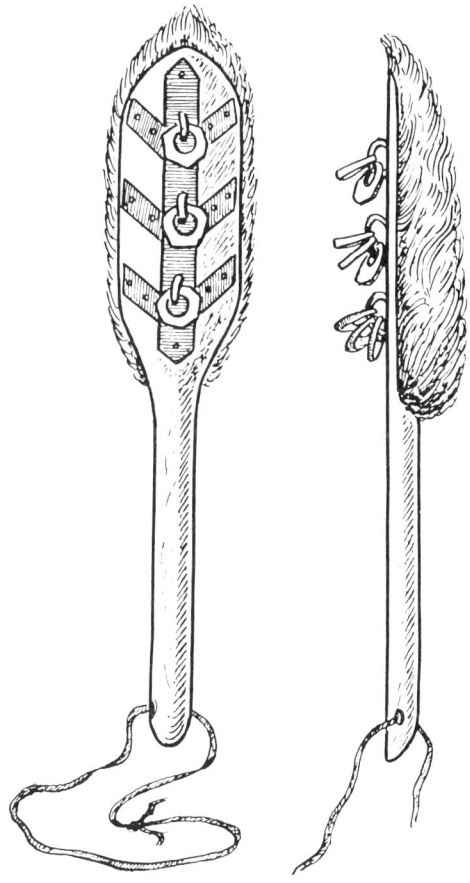

70
Fellbezogener
hölzerner Trommelschlegel mit Metallbeschlag (Auf- und
Seitenansicht), eine
Arbeit der südsibirischen Sojoten

fünf Tchums [kegelförmigen Stangenzelten] erfahrene Meister der Holzschnitzkunst aus. Sie kamen am nächsten Tag zu mir, und ich verrichtete eine Beschwörung, bei welcher ich das Aussehen desjenigen Baumes beschrieb, aus welchem bestimmt war, den Rahmen der Trommel für mich zu fertigen. Früh am Morgen, als es gerade zu tagen begann, kamen wir alle sieben zusammen: die fünf Meister, der Vater (auch Schamane) [also der ›Schamanenvater‹] und ich. Mit Ausnahme von mir fuhren alle auf Schlitten. Ich ging zu Fuss mit verbundenen Augen voraus, in den Händen eine Axt haltend. Ich sagte meinen Gefährten: ›Traut mir nicht besonders; vielleicht irre ich; wenn ich Euch zu einem verfaulten oder trockenen Baum führe, dann erweise ich mich als Betrüger. Ich werde mit der Axt nicht viele Bäume bezeichnen; ich bezeichne nur einen einzigen Baum, der mir vorausbestimmt ist.‹ Und tatsächlich führte ich meine Gefährten richtig zu meinem Baum und schlug dreimal mit der Axt auf ihn, indem ich Kerben machte. Hierauf hauten fünf Menschen den Baum ab, indem sie der Reihe nach arbeiteten, und fällten ihn der Richtung nach Aufgang der Sonne. Sie massen die Länge des Rahmens ab, bearbeiteten den Wipfel des Baumes, spalteten ihn in zwei Teile und behauten die eine Hälfte mit der Axt. Danach suchten wir alle Splitter zusammen, vereinigten sie in einem Fell und hingen sie am nächsten Baum auf. Bevor wir zurückkehrten, umkreisten wir alle, einer hinter dem anderen stehend, in der Richtung der Sonne den Baum, an dem die Splitter des gefällten Baumes hingen. Damit umstellten wir gleichsam das wilde Rentier, als welches mir der gefällte Baum erschien« (nach EMSHEIMER 1946: 167 f.).

Daß der Schamane ›seinen‹ Baum fand, galt als eindeutiger Beweis dafür, daß er tatsächlich von den Geistern geleitet wurde und kein Scharlatan war. Die Fallrichtung des Baumes und auch das Umkreisen der gesammelten Späne mit Blick auf die Sonne assoziiert den Weltenbaum, in dessen Wipfel nach Überzeugung vieler sibirischer Völker der Sonnengott residierte, verkörpert durch einen Adler (S. 86). Zugleich erinnert das Sammeln der Späne an die in Sibirien weitverbreitete Vorstellung, das Schicksal des Trommelbaumes sei eng verknüpft mit dem Leben des Schamanen. Vermutlich wollte man die zusammengetragenen Späne, indem man sie, wie beschrieben, rituell umwandelte, gegen Unberufene oder Feinde abschirmen. Deutlicher wird dieser Gedankengang bei anderen Gruppen (z. B. den Jakuten), wo der

71  Herausschneiden des Trommel-Rahmenholzes aus dem lebenden Baum, der nicht gefällt und auch nicht absterben durfte; geschah dies doch, war der Besitzer der Trommel verloren

Baum nicht gefällt werden durfte, sondern das Rahmenholz so herausgelöst werden mußte, daß er am Leben blieb (Abb. 71). Starb dieser Baum später einmal, war auch der Schamane zum Tode verurteilt; gelang es einem Feind, den Baum ausfindig zu machen und zu fällen, war der Schamane, so glaubte man, ebenfalls verloren.

Die Bezeichnung des Baumes als Rentier mutet zunächst seltsam an, erinnert aber – wie EMSHEIMER anmerkt – an die vielerorts übliche Sitte, den Baum vor dem Fällen bzw. Herauslösen des Holzes mit dem Blut des Tieres zu bestreichen, dessen Fell später als Schlagfläche aufgespannt wurde. Möglicherweise glaubte man, durch das Blut des Tieres dessen spirituelle Kraft auf das Holz zu übertragen.

Ein Trommelbaum mußte im übrigen bei den meisten Ethnien immer gesund und unbeschädigt sein, nur dann taugte er. Bei einigen Völkerschaften wählte man ihn aus dem Baumbestand eines besonderen heiligen Hains aus. Die Evenken im zentralen Sibirien verwendeten hingegen Bäume, die der Blitz getroffen hatte, die also bereits von den himmlischen Gewalten gezeichnet waren.

Wie oben erwähnt, verband man mit dem Baum, der das Trommelholz lieferte, in weiten Teilen Nordeurasiens die Vorstellung vom Weltenbaum, der nach allgemeiner Überzeugung die kosmischen Sphären miteinander verband und dem Schamanen als Pfad für seine Jenseitsreise diente (Abb. 72). Einige Ethnien – z. B. die Nanay am Amur – waren der Auffassung, daß es drei solcher Bäume gäbe: einen im Himmel, einen in der Unterwelt und einen auf der Erde. Die Symbolik des Weltenbaums kam auch in den Pfählen oder Bäumen zum Ausdruck, die vielerorts bei der Weihe oder der Séance Verwendung fanden (S. 54f., 62). Hier ist die Funktion des Baumes als Himmelsleiter unübersehbar.

Doch der Weltenbaum war mehr als das. In seinem höchsten Wipfel hatte der Himmelsgott seine Wohnstätte, in den Nestern auf seinen Ästen wuchsen neue Schamanen heran, hielten sich zudem – nach Meinung der Nanay – in Vogelgestalt die Seelen der Ungeborenen auf; an seinen Wurzeln, die bis in die Unterwelt reichten, hauste der schreckliche Herr der Finsternis mit seinem Gefolge. Dieser Baum ragte nicht

nur im Zentrum – im Nabel – der Welt auf, sondern faßte in sich zugleich das kosmische Geschehen zusammen: Hier wirkten die Götter, hier offenbarte sich der Dualismus von Gut und Böse, hier entstand neues Leben. Die während der Séance verwendeten Bäume galten denn auch nicht allein als Himmelsleiter, sondern verkörperten zugleich die drei, sieben, neun oder mehr Himmel – Wohnorte der Götter und Zielpunkte des Schamanen.

Indessen kann die Vorstellung vom Weltenbaum – obwohl sie eine nicht unbedeutende Rolle spielte – nicht als spezifisch für das Schamanentum gelten. Ähnliche Konzeptionen sind weltweit nachweisbar: Erinnert sei etwa an den Weltenberg Meru der Inder und verwandte Vorstellungen im alten Iran, in Alt-

72  Schamanen- und Weltenbaum der Jakuten und Dolganen mit doppelköpfigem Adler auf der Spitze; Länge: 1,90 m

Mesopotamien, aber auch in Zentralasien. Im Altai verknüpfte man die Idee des Weltenbergs mit der des Weltenbaums, der auf dem höchsten, kosmischen Gipfel wuchs. Weit verbreitet war auch der Glaube an eine – zumeist metallische – Weltensäule. Von Interesse ist, daß sowohl die Jakuten als auch die weit entfernt an der nordamerikanischen Nordwestküste lebenden Kwakiutl die Vorstellung einer kupfernen Weltensäule kannten. Aus der germanischen Mythologie wiederum ist die Weltesche Yggdrasil bekannt, in deren Krone ein Adler hauste und deren Wurzeln ein Drache benagte.

Von den kosmologischen Implikationen zurück zum konkreten Fertigungsprozeß der Schamanentrommel. Detailliert beschreibt Diószegi diesen Vorgang, den er bei den Tofa beobachten konnte. Hier war es Sitte, vor dem Rahmen die Resonatoren – neun, zwölf oder 21 an der Zahl – herzustellen.

Aus verschiedenen Holzarten gefertigt, waren sie etwa 13 cm lang, 4 cm hoch und 2,5 cm breit (Abb. 73). Die Oberseite jedes einzelnen Stücks wies drei Köpfe auf, zwischen denen zwei konkave Wölbungen eingeschnitzt waren; die untere Seite wölbte sich nach innen. Die drei

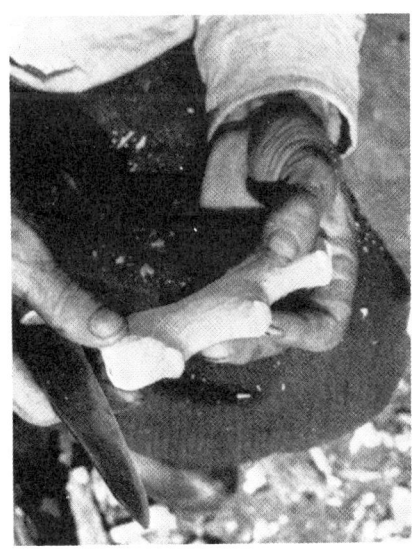

73  Anfertigung von Reso-
     natoren bei den Tofa

Köpfe erhielten Kerben, durch die später die Rentiersehnen verliefen, mit denen die Resonatoren am Rahmen befestigt wurden.

Bei der Zurichtung des Rahmens ging man so vor: Zunächst wurde das lange, schmale und dünne Brett aus dem vorgesehenen Holz mittels unterschiedlicher Techniken in die gewünschte Form gebogen. Beispielsweise schnitt man in einen Baumstumpf eine Nut, deren Tiefe der Breite des Rahmenholzes und deren Breite der doppelten Brettstärke entsprach. Nun steckte man das eine Ende des Brettes in die Nut und bog das Brett rund, bis es gelang, auch das zweite Ende einzuklemmen (Abb. 75). Die übereinanderliegenden, fixierten Enden wurden durchbohrt und mit einem Lederriemen zusammengebunden. Alternativ konnte man so vorgehen: Zuerst einen Kreis auf den Boden zeichnen, der dem späteren Durchmesser der Trommel entsprach, und dann entlang der Kreislinie in kurzen Abständen Pflöcke einschlagen, mit deren Hilfe das Brett allmählich gebogen wurde. Entweder wurden die Pflöcke paarweise innen und außen gesetzt und der Rahmen dabei um die innere Reihe gebogen und von der äußeren in seiner Position gehalten, oder man bog ihn um einen zuvor eingeschlagenen Kreis von Pflöcken und fixierte ihn an der Überlappungsstelle mit einem gekerbten, aufzusteckenden Rundholz (Abb. 74). Schließlich bestand die Möglichkeit, den Rahmen um ein entsprechend proportioniertes Gestell aus zwei gleichlangen, parallelen Brettern zu biegen, die durch zwei Rundhölzer verbunden waren.

Andere Helfer verfertigten unterdessen die beiden ›Sehnen‹ – schmale, spandünne Holzstreifen, die am oberen und unteren Rand um den Reifen gelegt wurden –, des weiteren den Griff und die vier Querstangen zum Griff. Der Griff, in der Mitte beiderseits konkav gerundet, wies oben und unten einen oder mehrere längliche Schlitze sowie ein kleines rundes Loch auf und endete wie die Querstangen in Zapfen. Durch das Loch führte man später Bänder, die die Organe des Reittieres symbolisierten.

Ein erfahrenes männliches Gruppenmitglied setzte anschließend alle Teile zusammen, brachte die Sehnen an, zapfte daraufhin zuerst den Griff und danach die Querhölzer ein (Abb. 76) und befestigte auf der Außenseite des Rahmens die oben eingekerbten Resonatoren. Dies geschah mit Hilfe von Rentiersehnen, die durch die Einkerbungen der Köpfe geführt wurden und den Rahmen umspannten. An der Rahmen-

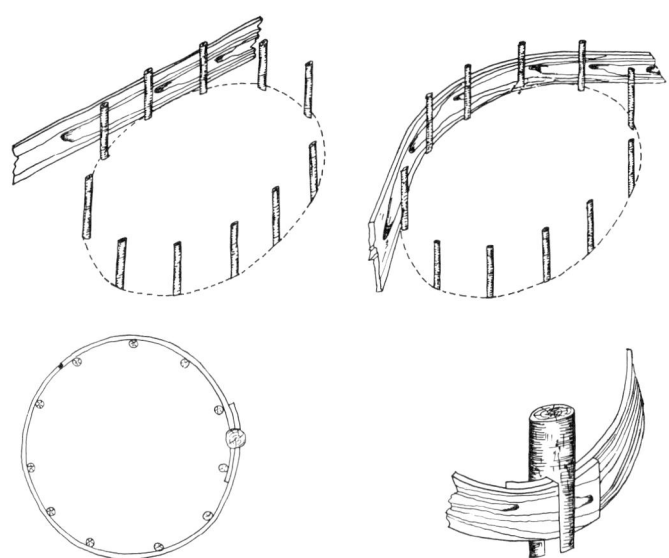

74/75  Die zwei bei den Tofa gebräuchlichen Verfahren zum Biegen des Trommel-
       rahmens

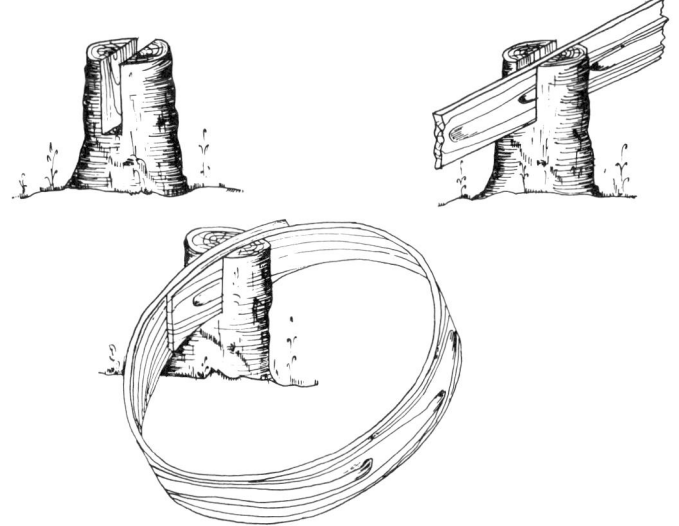

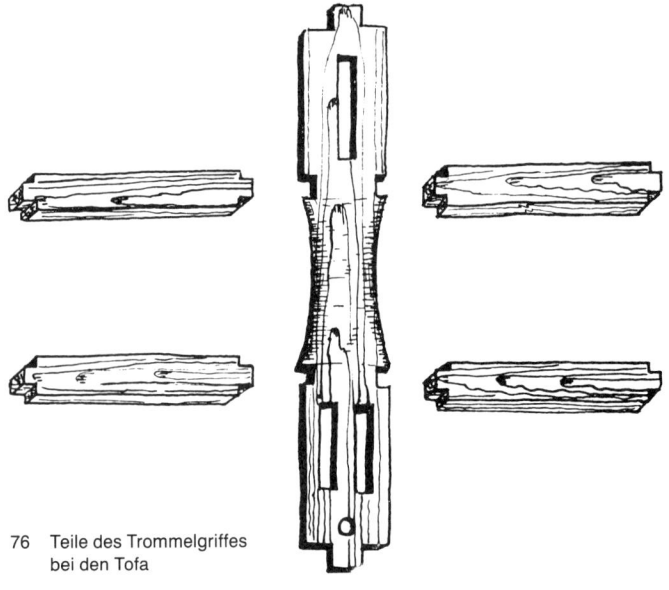

76  Teile des Trommelgriffes
bei den Tofa

innenseite, links und rechts des Griffes, bohrte man Öffnungen für die
beiden ›Ohren‹ – U-förmige Metallbügel – an denen jeweils zwei oder
drei ›Ohrringe‹, gerollt aus länglichen Blechstücken, befestigt wurden.

Die Tofa bevorzugten runde Trommeln; Schamanentrommeln hatten dabei einen Durchmesser von 80–95 cm, Trommeln von Schamaninnen maßen nur 60–70 cm. Die Höhe des Reifens betrug jeweils
etwa 15 cm. In anderen Regionen gab es auch Trommeln mit ovalem
Rahmen oder mit eiförmigem Umriß; ihre Größe variierte. Besondere
Formenvielfalt wiesen die Trommeln der samischen Schamanen, der
*noaiden*, auf. Neben der in Nordasien und Nordamerika gebräuchlichen Rahmentrommel, wie sie am Beispiel der Tofa beschrieben
wurde, kannten die Samen zwei weitere Typen der Rahmentrommel
sowie verschiedene Varianten der sogenannten Schalentrommel – alle
sehr ausführlich beschrieben von Ernst MANKER.

Der Rahmen der Trommel des Ringtyps wurde, anders als oben dargestellt, *nicht* aus einem dünnen Brett gebogen, sondern in seiner vorgesehenen Gestalt, d.h. als Ring, aus einem dafür geeigneten Holzstück
herausgearbeitet. Größere Instrumente fertigte man nach Art des Win-

kelrahmentyps (Abb. 77): Dazu schnitt man zwei rechtwinklige bzw. L-förmige längliche Holzstücke zurecht, die, nachdem die später in der Radiusebene liegende Seite des Winkelholzes mehrfach eingekerbt wurde, jeweils zu einem Halboval zusammengebogen und aneinander befestigt wurden. MANKER vermutet, daß man auf diese Weise große, stabile und dennoch nicht allzuschwere Instrumente herstellen wollte. Eine Variante dieses Typs bestand aus zwei von vornherein halboval geschnitzten winkligen Teilen; so ersparte man sich das Einkerben und Biegen.

Es bleibt noch die Schalentrommel zu nennen, deren Körper – wie der Name vermuten läßt – aus einer flachen bzw. mehr oder weniger stark gewölbten Schale bestand; Grifflöcher, zuweilen auch kleinere Öffnungen ornamentalen Charakters durchbrachen diese Schale. Der Trommelleib erinnert in seiner Form an den Klangkörper einer Laute (Abb. 78).

Vielgestaltig waren auch die Trommelgriffe: Sie reichten vom schlichten, schmucklosen Rundholz bis zum anthropomorph ausge-führten Stiel, mit dem einige Gruppen im Altai und im südlichen Sibi-rien den Herrn der Trommel zu verkörpern trachteten (Abb. 67).

77  Anfertigung eines Winkelrahmens bei den Samen, Lappland

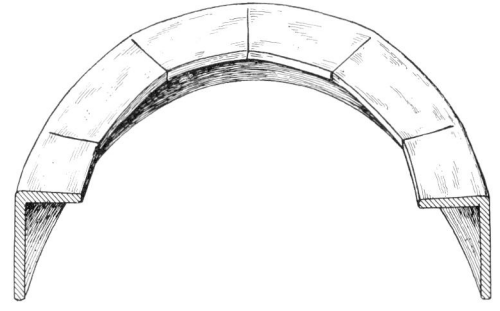

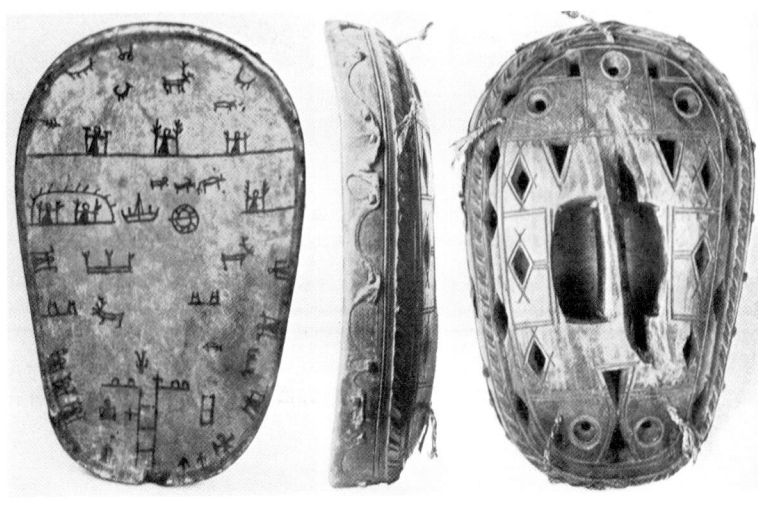

78    Schalentrommel der Samen, Lappland

Auch eiserne Griffstücke waren verbreitet: teils kreuzförmig und mit Lederriemen am Rahmen befestigt (bei Evenken, Nganassanen und Jakuten; Abb. 79), teils V- oder Y-förmig (bei den Selkupen), teils auch einfach als vertikale Stangen ausgeführt. Die Evenken fertigten Trommelgriffe zuweilen aus einem Eisenring. Auch die Querbügel bestanden, soweit vorhanden, oft aus Metall.

Der Vorstellung von der Trommel als spirituellem Reittier entsprach die Wertung ihrer verschiedenen Elemente als Körperteile. So bezeichneten die Tofa die drei Leder- oder Baumwollstreifen, die durch das Griffloch gezogen wurden, als Lungenflügel bzw. als Herz des Tieres. Die Rentiersehnen, die der Befestigung der Resonatoren dienten, verstand man als seine Arterien; von den Ohren war bereits die Rede (S. 156). Die Querstangen galten – analog zum Rentiergeschirr – als Brustblatt und Hinterzeug; die Bänder, die Herz und Lunge verkörperten, zuweilen als Zügel. Die Jakuten bezeichneten die oberen Resonatoren als Hörner.

Diejenigen Schamanen der Nenzen und Enzen, die mit den himmlischen Mächten verkehrten, also nicht die Unterwelt bereisten, verwendeten anstelle hölzerner Resonatoren Bärenzähne. Im übrigen betrach-

158

teten die Enzen ihre Schamanentrommeln meist nicht als Reittiere, sondern als Bögen, die Außenseite des Rahmens als Bogensehne. PRO-KOFYEVA sieht in der Benennung einen Beleg dafür, daß bei dieser Ethnie in frühen Zeiten tatsächlich statt der Trommel ein Bogen verwendet wurde (S. 183).

Das Trommelfell konnte, wie S. 148 erwähnt, von verschiedenen Tieren stammen. Auf die Wahl nahmen wiederum die Geister Einfluß. Der Schamane instruierte seine Helfer darüber, wo das ausersehene Tier zu finden sei oder – wenn es sich um ein Haustier handelte –, wie es aussah. Umgekehrt kannte das Tier – so glaubte man – seine Bestimmung. DIÓSZEGI erfuhr von einem Tofa-Schamanen, daß es ganz leicht sei, das auserwählte Wild zu schießen: »... wenn der Jäger auszieht, kommt ihm das Tier von selbst entgegen« (DIÓSZEGI 1963: 296). Oft war die Tötung mit einer Opferzeremonie verbunden.

79  Jakutische Schamanentrommel mit eisernem, kreuzförmigem Griff; Lederriemen verbinden ihn mit dem Rahmen; rechts der Schlegel

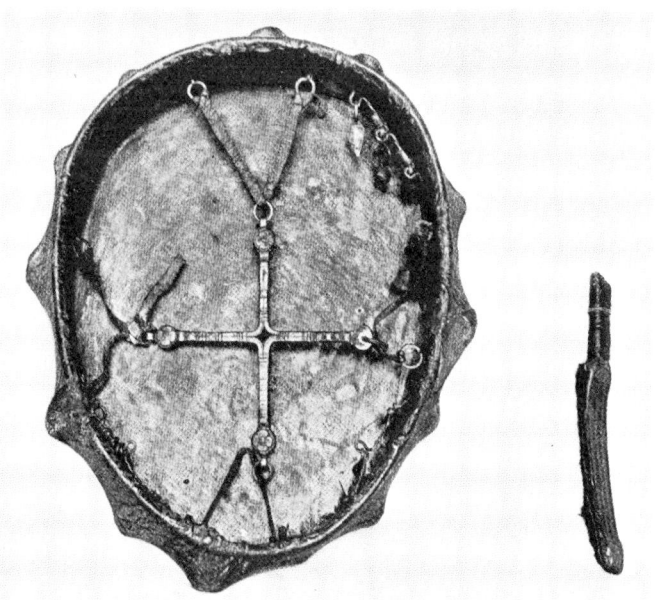

Das abgezogene Fell wurde zunächst eingeweicht und enthaart. Die Fleischseite allerdings blieb unbearbeitet, um die Haltbarkeit und die Klangeigenschaften der Schamanentrommel nicht zu beeinträchtigen. Diószegi berichtet weiter: »Als nächster Schritt folgte das Spannen des Fells über den Reifen. Mit einem glühenden spitzen Eisen wurden in etwa 5 cm Entfernung Löcher in den oberen Rand des Reifens gebohrt und das Fell mit der haarigen Seite nach oben über den Reifen gelegt, und zwar so ausgemessen, daß das Fell die ganze Außenseite des Reifens samt Resonatoren bedeckte und um die untere Kante des Reifens geschlagen werden konnte, so daß dann noch ein Saum von 1,5 bis 2 cm blieb. Das übrige Fell wurde ringsherum mit dem Messer abgeschnitten.

Nun nähte man das Fell mit einer ›Rentiersehne‹, die in eine primitive, großösige Nadel eingefädelt war, durch die in den Rahmen gebohrten Löcher an. Hierbei wurde das Fell noch nicht straff gezogen, sondern blieb noch relativ locker« (Diószegi 1963: 303).

Am folgenden Tag mußte die Trommel über dem Feuer getrocknet werden, was mehrere Stunden in Anspruch nahm. Dabei straffte sich das feucht aufgezogene Fell, und noch verbliebene Haare wurden abgesengt und heruntergeschabt. Zum Trocknen befestigte man die Trommel in sicherem Abstand über der Flamme an einem horizontalen Stab. Das Feuer nährten Wacholderzweige, über deren Bedeutung Diószegi keine Angaben macht, doch diente der durch die Verbrennung von Wacholder, harziger Tannen- und Fichtenrinde und anderem pflanzlichen Material erzeugte Rauch den Schamanen vieler Völker als ekstatisches Stimulans. Daß die Tofa ihre Trommeln ebensolchem Rauch aussetzten, ist somit vielleicht symbolisch aufzufassen: Gleich dem Schamanen sollte möglicherweise auch sein Instrument auf die bevorstehenden Jenseitsreisen vorbereitet werden. Nach dem Räuchern ließen die Tofa die Schamanentrommel noch einige Tage hängen und nachtrocknen; anschließend wurde sie bemalt.

Selbstverständlich variierte die Art der Trommelherstellung bei den verschiedenen Ethnien. Der Bericht Diószegis gibt jedoch die Grundzüge dieses Prozesses in treffender Weise wieder.

160

80  Bearbeitung des Felles für eine Trommel der Samen, Lappland: Das abge-
    zogene Fell wurde nacheinander eingeweicht, enthaart und gespannt

## c) Die Symbolik der Trommelbemalung

Nicht überall war es Brauch, die Schamanentrommeln zu bemalen: Tschuktschen, Eskimo, Burjaten, Jakuten, Chanten und Mansen verzichteten auf solchen Dekor. Demgegenüber schmückten Evenken, Keten, Nganassanen, besonders aber die Samen in Nordskandinavien und die südsibirischen Turk-Völker ihre Instrumente mit symbolträchtigen Malereien. Bei den Mandschuren wiederum hatten die Abbildungen auf der Trommel (Schmetterlinge, Blumen, Vögel) rein ornamentalen Charakter. In der Regel beschränkte sich der Bildschmuck auf die Außenseite des Trommelfells; in Südsibirien jedoch, insbesondere im Altai-Gebirge und in den angrenzenden Gebieten, war es üblich, Außen- wie Innenseite des Instruments zu bemalen.

Farbgebung und Bildformen variierten entsprechend den lokalen Traditionen. Am häufigsten werden in den ethnographischen Beschreibungen die Farben Schwarz, Weiß, Rot und Braun erwähnt. Über die Farbsubstanzen finden sich bei den meisten Autoren nur spärliche Angaben. In Lappland, bei den Samen, bevorzugte man den Absud von Erlenrinde, der eine rote, rotbraune oder braune Färbung ergab. Weit verbreitet war der Gebrauch von Ocker (Braun, Rot); geschwärzt wurde mit Ruß; Tonerde oder Kalk lieferten zumeist helle oder weiße Töne. Einige Quellen erwähnen zudem den Gebrauch von Blut. DIÓSZEGI berichtet, daß manche Tofa-Sippen auch roten Ton verwendeten, der mit Milch versetzt wurde. Vermutlich mischte man die mineralischen Farbsubstanzen allgemein mit Fett, Harz oder anderen Bindemitteln, um sie haltbarer zu machen. In jüngerer Zeit wurden Farben auch eingehandelt; man war nun nicht länger auf das Angebot der Natur angewiesen.

MANKER stellte bei den von ihm untersuchten samischen Trommeln fest, daß die Bemalung gelegentlich regelrecht eingeritzt oder in Ritzungen eingerieben war. Meist wurden die Farben jedoch mit zugespitzten Hölzern, Federkielen oder einfach mit den Fingern aufgetragen. Je nach Substanz zog dieser Auftrag mehr oder weniger tief und dauerhaft ins Trommelfell ein; die Farben (z. B. die aus Erlenrinde gewonnene) konnten auch langjährigen Gebrauch überdauern.

Im Altai wurde die Bemalung, dem jeweiligen Anlaß entsprechend, von Séance zu Séance erneuert. Dies erforderte Farbsubstanzen und

Techniken, die eine Entfernung der alten und einen Wiederauftrag der
neuen Motive ermöglichten.

Als Beispiel für die Symbolik schamanischer Trommelbilder mag die
besonders reich und in verschiedenen Farben bemalte Trommel eines
Schamanen der südsibirischen, turkstämmigen Chakassen dienen, die
POTAPOV beschreibt. Über die Bedeutung der verschiedenen Abbildungen und Symbole informierte den Ethnologen der ehemalige Besitzer
selbst.

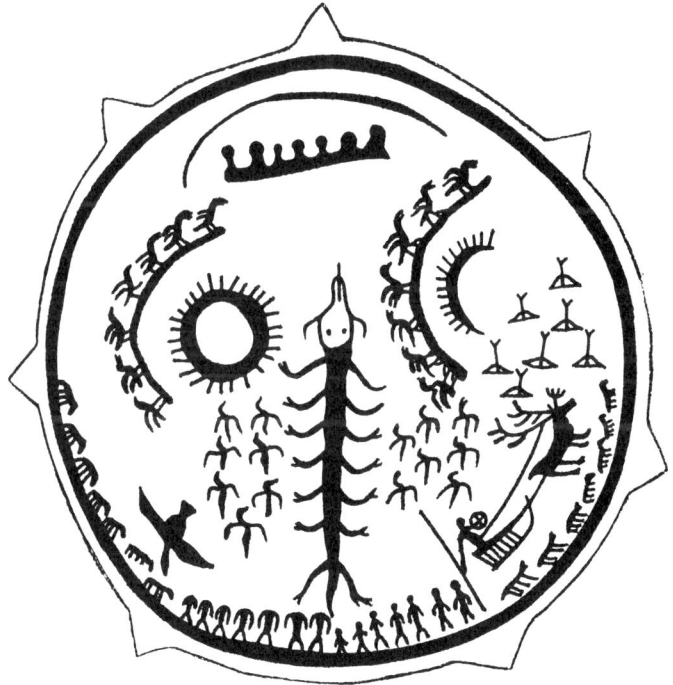

81   Motive auf einer Schamanentrommel der Selkupen, Westsibirien

Die Trommel-Außenseite war durch vertikale Scheidemarken und
eine horizontale Linie in vier Sektoren aufgeteilt: Die vertikalen Bänder – eine weiße Zackenlinie zwischen zwei parallel verlaufenden roten

Linien – stellten den ›fernen Weg‹ des Schamanen dar; die horizontale Linie – in weiß gehalten – wurde als ›Bogensehne‹ bezeichnet und galt als Wegweiser für den Schamanen bei seinen ekstatischen Reisen auf unbekannten Pfaden. Dunkle Streifen über den oberen Sektoren verkörperten Wolken; sie sollten es dem Besitzer der Trommel ermöglichen, Regen vom Himmel herabzurufen.

82    Motive auf einer Schamanentrommel der Altaier

Die Abbildungen der beiden oberen Viertel standen in deutlichem Zusammenhang mit höheren Regionen. Links oben prangten Mond, Sonne und das Sternbild des Großen Bären in den Farben Weiß, Blau bzw. Grün und Rot. Die Himmelskörper sollten die Wege des Schamanen erhellen, wenn er zum Flug aufstieg. Das Sternbild diente der Orientierung. Die gleiche Funktion hatte der in Weiß aufgetragene Orion im rechten oberen Feld. In diesem Sektor waren zudem drei vogelgestaltige Hilfsgeister zu sehen: ein weißer Kuckuck, der dafür sorgte, daß der Kontakt des zum Himmel aufgestiegenen Schamanen mit der Erde nicht abriß; ein grüner Sperling, der die Verbindung zwischen Sonne, Mond und Sternen herstellte; schließlich ein schwarzer Rabe, der den Schamanen begleitete und bei Krankenheilungen entwichene Seelen aufpickte und in die Trommel trug. Eine weiße Birke diente ebenfalls der Krankenheilung: Der Bergherr, ein göttliches Wesen, an das sich der Schamane dabei wendete, konnte mit ihrer Hilfe die Ursache des Leidens und auch den Namen und die Sippe des Patienten erkennen. (SCHMIDT erwähnt, daß auf den Trommeln verschiedener Ethnien desselben Gebietes jeweils zwei Birken erschienen, die unterschiedlich interpretiert wurden: als mythisches Stammelternpaar, als Verteidigungs- und Schutzsymbole oder auch als himmlische Bäume, die bei der Bitte an den Himmelsgott um Regen oder Schnee eine Rolle spielten.)

Siebzehn anthropomorphe Gestalten – der Schamane selbst sowie neun schwarze ›junge Männer‹ und sieben rote ›Mädchen‹ – vervollständigten die Zahl der Abbildungen im rechten oberen Sektor. Die Mädchen – Töchter des Bergherrn – dienten dem Schamanen als Helferinnen, indem sie ihrem Vater seine Wünsche vortrugen. Über die Bedeutung der Männer macht POTAPOV keine Angaben. (SCHMIDT erwähnt ähnliche Zeichnungen, die Hilfsgeister darstellten, aber auch sogenannten Pferdeherren zugeordnet waren. Als Pferdeherr galt in der Region neben dem Berggeist auch der mythisch verklärte Kaiser von China bzw. ein im Norden [im russischen Machtbereich] ansässiger Herrscher. Anstelle männlicher und weiblicher Wesen erwähnt SCHMIDT auch zwei Gruppen sogenannter Jungfrauen.)

Das untere linke Feld beherrschten Tiere, die meist mit der Unterwelt in Verbindung gebracht wurden: eine schwarze Schlange, eine grüne Eidechse, ein roter Regenwurm und ein schwarzer Frosch. Alle vier assistierten dem Schamanen als spirituelle Helfer bei Krankenheilungen: die drei ersten bei Frauenleiden, der Frosch bei Geschlechtskrankheiten.

Das verbleibende rechte untere Viertel war besetzt mit einem schwarzen Bären, neun schwarzen Hunden, sieben ›grauen‹ Wölfen (in Gelb) und einer rot gehaltenen Abbildung, die einen Jäger auf kastanienbraunem Pferd darstellen sollte. Der Jäger schützte den Schamanen auf seinen Jenseitsfahrten gegen Angriffe feindlicher ›Berufskollegen‹. Bei der Krankenheilung attackierten die neun Hunde die ausgetriebenen Krankheitserreger, während der Bär verhinderte, daß eine Krankheit in den Menschen eindrang. Dieser Fähigkeit verdankte er seinen Namen: Herr des Tores. Befreundet war er mit dem Herrn des Feuers. Die Wölfe gelangten zum Einsatz, wenn es galt, wirkliche Wölfe von den Herden fernzuhalten. In einem solchen Falle führte der Schamane in der Séance seine Geisterwölfe dem Bergherrn vor und bat ihn, die Herden vor Wölfen zu schützen.

Die Abbildungen der hier beschriebenen Trommel verdeutlichen beispielhaft die schamanische Vorstellungswelt, erschöpfen also keineswegs das gesamte Bildrepertoire. Einer von POTAPOVS Informanten verwies auf ein anderes Instrument, auf dem zwei weitere Hilfsgeister zu sehen waren: eine pferdeköpfige Hummel, die bösen, krankheitsfördernden Geistern das Blut aussaugte, und ein Vielfraß, der Krankheitserreger fing. Im übrigen konnte die Interpretation desselben Bildmotivs variieren: So galt der Wurm (S. 165) auch als Helfer bei Arm- und Beinbrüchen. Er drang in den Körper ein, um die Krankheit hervorzuziehen. (SCHMIDT erwähnt weitere Tierbilder: Ziege, Maral, Adler, aber auch den Herrn der Unterwelt, den Wassergeist und ein weiteres Ungeheuer.)

Die Trennung in eine obere, mit dem Himmel assoziierte Trommelhälfte (Himmelskörper, Vögel) und eine untere, chthonische (mit erdverbundenen Tieren) ist nicht nur für das oben vorgestellte Instrument charakteristisch. Im Gegenteil: Gelegentlich kam es vor, daß die obere Hälfte allein der Kommunikation mit der himmlischen Region diente, die untere der mit der Unterwelt. Der Schamane bearbeitete dann jeweils nur die betreffende Hälfte mit seinem Schlegel. Die duale Symbolik war entsprechend ausgeprägt: Himmlischen Wesen und Tieren standen Unterweltsgeister oder gar der Herr der Unterwelt selbst gegenüber.

Wilhelm SCHMIDT zitiert Berichte über eine Trommel der Südaltaier, wo die Zweiteilung wiederum anderer Art war. Hier nahm die Darstel-

lung irdischer Begebenheiten, nämlich eine Opferszene, den unteren
Teil ein. SCHMIDT vermutet daher, daß es sich um das Instrument
eines ›Himmelsschamanen‹, also eines weißen Amtsträgers handelte
(S. 13 f., 16). Möglich wäre allerdings auch, daß der Betreffende für
Unterweltsfahrten eine weitere Trommel besaß.

83   Motive auf einer Schamanentrommel der Chakassen, Südsibirien

Bei den Beltiren, einer Untergruppe der Chakassen, postuliert
SCHMIDT sogar eine Dreiteilung der bemalten Schlagfläche. Die Mittel-
streifen, bei POTAPOV der Weg des Schamanen, symbolisierten in diesem Falle die Erde, eingebettet zwischen Himmel und Unterwelt. Hier
wurden nicht allein Jenseitsvorstellungen, sondern zugleich eine kos-

mologische Konzeption wiedergegeben, wie sie für zahlreiche Völker, bei denen Schamanen wirkten, als typisch gelten darf.

Bei der von SCHMIDT erwähnten südaltaischen Trommel war auch die Innenseite der Membran bemalt. Hier fanden sich – ohne eine klare räumliche Trennung der kosmischen Sphären – Sonne, Mond und Sterne, Streifen, die einen Regenbogen symbolisierten (mancherorts galt er als Brücke des Schamanen in den Himmel), eine Natter aus den Seen der Unterwelt, die Birke, aus deren Holz man den Reifen der Trommel gefertigt hatte (vielleicht auch sie ein Symbol des Weltenbaums), der Maralhirsch, der das Fell lieferte, und schließlich im Zentrum all dieser Motive eine Darstellung des Herrn der Trommel – eines schamanischen Ahnen, der bereits im anthropomorph gestalteten Griff verkörpert war. Um diesen Herrn der Trommel versammelte der Schamane die einberufenen Geister.

Von gänzlich anderer Art war die Trommelbemalung bei den Indianern der östlichen kanadischen Subarktis, wo ein aus roten Punkten zusammengesetztes kreuz- oder kreisförmiges Ornament das höchste Wesen symbolisierte.

Schwierig zu deuten ist die Komposition der reich bebilderten Samen-Trommeln, denn hier erschienen kosmologische, mythische und magische Symbole neben Darstellungen alltäglicher Dinge und Begebenheiten: Motive aus der Rentierhaltung, gewöhnliche Menschen und Tiere, menschliche Behausungen und sogar Kirchen. Welchen Ursachen diese merkwürdige Mischung aus Profanem und Sakralem geschuldet ist, bleibt umstritten. Plausibel klingt die These von GEHRTS, der an die Verwendung der Trommel beim Wahrsagen (S. 61, 145 f.) erinnert und daran, daß bei den zu erwartenden Antworten Begebenheiten und Dinge des täglichen Lebens ganz sicher eine große Rolle spielten.

### d) Der Trommelschlegel

Der Trommelschlegel galt als die Peitsche, mit der das Reittier angetrieben wurde. Er bestand entweder aus Geweih, Horn, Mammutelfenbein oder ausgesuchtem Holz (z. B. Birke oder Zeder), das mit dem des Trommelrahmens identisch sein konnte. Um beim Schlagen die

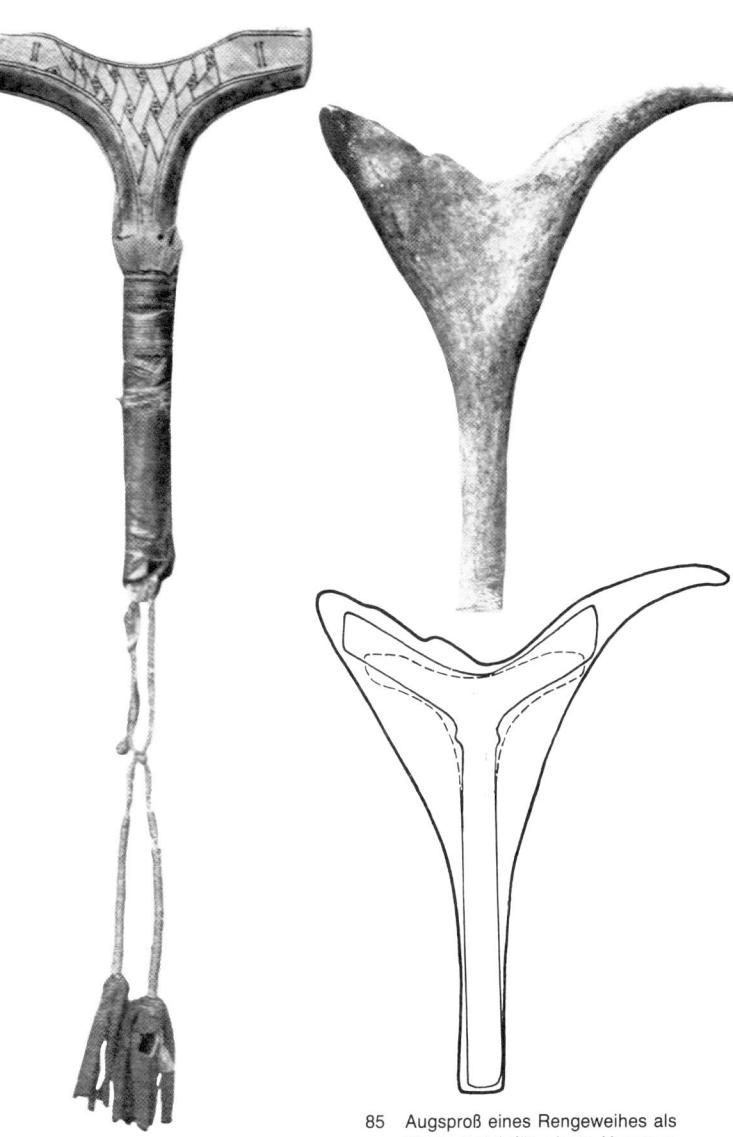

84 Hammerschlegel der Samen

85 Augsproß eines Rengeweihes als Rohmaterial für einen Hammerschlegel

gewünschte Tonqualität zu erzielen, bezog man den Schlegel an der Schlagseite mit dem Fell von Zobel, Hermelin, Hase, Maral, Ren oder Bär. Im nördlichen Altai verwendete man zuweilen eine ganze Hasenpfote als Schlegel. Von besonderem ästhetischen Reiz sind die hammerartigen Geweihschlegel der Samen (s. u.); die Tschuktschen und Eskimo hingegen verwendeten meist einen Stab aus Holz oder Walknochen, der gelegentlich am Trommelrahmen befestigt war (Abb. 66).

Die beiden letztgenannten Varianten wichen mit ihrer Stab- bzw. Hammerform von den sonst gebräuchlichen Schlegeln ab und hatten keinen Fellüberzug. Das in Fell gehüllte Schlagende des über fast ganz Nordasien verbreiteten Typs war meist etwas breiter und flacher als der Griff. Zuweilen hatte der Schlegel Löffelform.

Die Griffstücke und -enden verzierte man oft mit Geisterbildern (z. B. einem Kopf oder Gesicht, der bzw. das den Herrn des Schlegels darstellte) oder symbolträchtigen Ornamenten. Gelegentlich, so bei den Keten, war der Schlegel auch bemalt: Eine Linie unterteilte seine Rückseite in zwei Hälften, die man wie Anučin berichtet, schwarz (Erde) und rot oder blau (Himmel) färbte. Auf der Grenzlinie war zudem eine Darstellung aus Eisen oder Blei befestigt, eine sogenannte Eidechse, die man nach dem Tod des Schamanen aufbewahrte.

Die T- oder Y-förmigen ›Hämmer‹ der Samen verdankten ihre Form, wie Manker mitteilt, der Beschaffenheit ihres Materials: Geweihstangen von Rentieren (Abb. 85). In der Grundgestalt identisch, variierten sie in der konkreten Ausformung und Ornamentierung beträchtlich: Hier fanden sich einfache Strichmuster, Bandornamente und flächige Gravuren, die an Flechtwerk erinnern (Abb. 84), oft in Kombination mit schwungvoll gestalteten Durchbrüchen und eleganter Konturgebung. Gelegentlich war das Griffstück noch von einer ornamentierten Lederhülle umgeben. Bänder, Ketten und Messingringe gehörten zum Zubehör des Schlegels.

Der Schlegel konnte vor, nach oder zusammen mit der Trommel entstehen. Bei den Schoren im nördlichen Altai-Gebiet war es üblich, das Schlaggerät bereits ein Jahr vor der Trommel anzufertigen und alle Riten allein damit auszuführen. Bei den Keten bildete der Schlegel den ersten Ausrüstungsgegenstand des Schamanen. Er bestand aus morschem Holz und hatte nur eine kurze Lebensdauer (zwei bis sechs Monate). Dieser Zeitraum scheint zugleich eine Art Probezeit für den

Neuling gewesen zu sein, denn wenn er nach Zerfall dieses Schlegels keinen neuen (aus gesundem Zedernholz) verlangte, bedeutete das, daß er auf sein Amt verzichten wollte. In der Zeit ohne Trommel schlug sich der Schamane bei Beginn der Séance mit dem Schlegel, der übrigens bis zu 50 cm lang sein konnte, aufs linke Knie, später beim Tanz auf die rechte Wade. Letztere Technik behielt er auch bei, wenn er eine Trommel besaß.

Der Erwerb des Schlegels, d. h. die Weisung der Geister, ihn anfertigen zu lassen, konnte auch sabotiert werden. ANUČIN erfuhr von den Keten, daß einst eine alte Frau den Schlegel eines verstorbenen Schamanen versteckte und auf diese Weise verhinderte, daß sein Nachfolger, der aus der gleichen Verwandtschaftsgruppe stammte, ein solches Gerät erhielt. Dies war deshalb nicht möglich, weil die oben erwähnte Eidechse unrechtmäßig auf dem verborgenen alten Schlegel belassen wurde und die Geister sich außerstande sahen, ihrem Schützling, dem zukünftigen Schamanen, zu befehlen, einen Schlegel für sich anfertigen zu lassen. Schließlich erkrankte die Alte und starb, woraufhin eine Eidechse aus ihrem Mund gesprungen sein soll. Offenbar war das in dem Schlegelbeschlag verkörperte Wesen nun freigesetzt. Die Verbindung von Schlegel und Eidechse begegnet auch bei den Selkupen. Ihnen galt das ganze Gerät als Eidechse.

Bereits bei der Schilderung der Séance eines evenkischen Schamanen wurde erwähnt, daß der Schlegel auch zum Wahrsagen diente (S. 68). In der Regel war aus seiner Fallage ein positiver oder negativer Bescheid zu erschließen. Bei der Séance selbst diente der Schlegel nicht allein zum Schlagen der Trommel; auch die von Krankheit befallenen Körperpartien eines Patienten oder der Bauch einer Schwangeren wurden damit massiert. Bei den Keten war es zudem üblich, einem Neugeborenen den Schlegel in die Hand zu geben. Hielt es ihn fest, galt dies als gutes Omen.

Die Schamanen der Evenken, die am Jenissei lebten, besaßen gar zwei Schlegel: einen zur Himmelsreise und einen zur Unterweltsfahrt, beide gefertigt aus Mammutelfenbein, Rengeweih oder vom Blitz getroffenem Holz. Der Unterweltschlegel trug eine Schnitzerei, die den Schamanen und seine Hilfsgeister darstellte.

## e) Belebung und Weihe der Trommel

Nach Fertigstellung der Trommel veranstaltete man vielerorts eine besondere Zeremonie: die Trommelbelebung oder -weihe; mit ihr fanden die rituellen Handlungen bei der Herstellung ihre Fortsetzung und ihren Abschluß. Ausführliche Berichte liegen dazu insbesondere von den Turk-Völkern Südsibiriens und den Jakuten vor. Zweck des Rituals war die Verwandlung des Instruments in ein Reittier, seine Zähmung und Bändigung. Am Altai wurde die Trommel dabei zugleich den machtvollen Berggeistern und dem Herrn der Unterwelt vorgeführt, die gemeinsam darüber urteilten, wie lange sie zu gebrauchen sei. Bei den Jakuten verschlang der Schamane gar die Seele der Trommel, um sie anschließend wieder auszuspeien – eine offenkundige Parallele zu seiner eigenen Initiation (S. 49f.). Von nun an diente sie ihm als Haupthilfsgeist. Bei anderen Ethnien, so etwa bei den Keten, betrachtete man dagegen die in der Tracht verkörperte spirituelle Macht als den Haupthelfer, bei den Eskimo wiederum wurde dieser Geist überhaupt nicht dargestellt.

Obwohl lokalen Traditionen verpflichtet, stimmte die Zeremonie der Trommelbelebung in ihren Grundzügen bei den verschiedenen Ethnien überein. Der Schamane erlebte und rekapitulierte in der Séance die Geburt des Tieres, welches das Fell lieferte, beschrieb sein Leben, seine Tötung, die Anfertigung des Trommelfelles; desgleichen berichtete er vom Wachstum des Trommelbaumes, von der Verarbeitung seines Holzes und den sie begleitenden Riten; er wies das zukünftige Reittier in seine Aufgaben ein und präsentierte es den Außerirdischen. Auch getränkt wurde das Reittier, indem der Schamane das Instrument mit besonders zubereitetem Tee, mit Milch, Blut, Branntwein oder anderen alkoholischen Getränken besprengte.

Zu Ehren des Trommelgeistes schlachtete man oft auch ein Ren, vorzugsweise ein weißes. Herz, Lunge, Nieren und Fleisch von verschiedenen Körperteilen wurden zusammen mit den Getränken unter der aufgehängten Trommel aufgestellt.

Bei einigen Turk-Völkern waren bei der Trommelbelebung die männlichen Verwandten des Schamanen anwesend, oft in einer festge-

86  Jakutischer Schamane, Ostsibirien (um 1900)  ▷

173

legten Zahl von sieben oder neun. Jeder von ihnen schlug die Trommel und legte – bei einigen Gruppen – den Mantel und den Kopfputz des Schamanen an. Dann wanderte die Trommel weiter an unbedeutendere Schamanen und schließlich an den mächtigsten unter den anwesenden Amtsträgern, der sie dann dem zukünftigen Besitzer überließ.

Die Séance anläßlich der Trommelweihe konnte sich über mehrere Tage erstrecken; dabei vollzog der Schamane Reisen in den Himmel und in die Unterwelt und führte auf diese Weise sein Geisterreittier in die Bereiche seines zukünftigen Wirkens ein. Oft wurde gemeinsam mit der Trommel auch das Gewand geweiht.

FRIEDRICH und BUDDRUSS geben in ihrem Buch »Schamanengeschichten aus Sibirien« den Ablauf und Wortlaut einer Trommelweihe bzw. -belebung bei den Jakuten wieder. Der Schamane berichtete seinen Zuhörern mit erstaunlicher poetischer Kraft von den Aufgaben des Instruments, der Zähmung des Geistertieres, dem Verschlingen seiner Seele und der mit der Trommel vollzogenen Jenseitsreise. Den wesentlichen Gehalt der Zeremonie brachte er gleich zu Beginn zum Ausdruck:

»Trommel wie ein runder See, der sogleich zu Eis erstarrt ist,
Dich verwandeln meine Worte in ein Roß von Heldengröße,
Und ein Pferd von großer Schnelle wird geschaffen aus der Trommel.
Weiter wirst du eine Feder, goldenglänzend, flügelrauschend.
Funkelnd, fliegender Küsjanga, rausche in die Oberwelt!
Brausend, ein gewaltger Renner, stürme in das untre Land!«
(FRIEDRICH/BUDDRUSS 1955: 304)

## 12  Schamanenstäbe

Mit Tracht und Trommel des Schamanen sind die bei weitem wichtigsten Ausrüstungsgegenstände beschrieben. Hinzuweisen bleibt noch auf Instrumente, die die Schamanentrommel ersetzen konnten. In erster Linie waren dies hölzerne oder eiserne Stäbe, die häufiger auch als Pferde- oder Rentierstäbe bekannt waren. Bei den Burjaten hatten sie die Trommel zuletzt fast völlig verdrängt. Sie verkörperten dort,

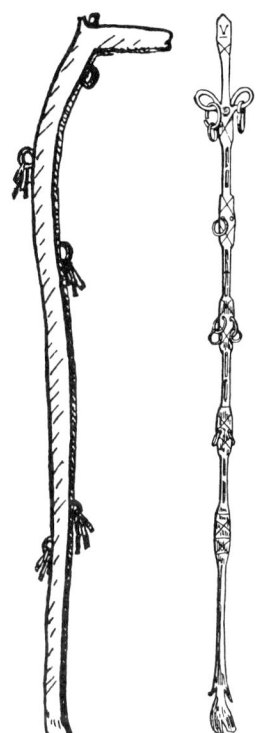

87   Pferdestab eines burjatischen Schamanen, Baikal-Gebiet

88   Rentierstab der Enzen-Schamanen, West-sibirien, mit hufförmigem unterem Ende

wie anderswo die Trommel, das Reittier des Schamanen – bei den pferdezüchtenden Burjaten natürlich ein Pferd (Abb. 87).

Ein Initiand erhielt zunächst zwei hölzerne Stäbe, die Geistertiere verkörperten: Der in der rechten Hand zu haltende (etwas größere) galt als männlich, der linke als weiblich (als Frau des männlichen Geistertiers). Die ca. 80 cm langen Instrumente wurden wie das Trommelholz aus einem Baum (einer Birke) geschnitten, der nach dieser Beschädigung nicht verkümmern durfte. Oben liefen die Stäbe in einem Pferdekopf aus, unten in einem Huf; eine Verdickung in der Mitte markierte die Kniegelenke. Kleine Steigbügel, die man oben am Stock befestigte, unterstrichen diese Symbolik. Glöckchen, konische Eisenteile, bunte Bänder (weiß, blau, gelb, rot) und Felle von Hermelin,

Eichhörnchen und Iltis bildeten den Behang. Erst nach seiner fünften Weihe erhielt ein burjatischer Schamane einen eisernen, in der Form weitgehend identischen Stab. Der rechtwinklig abstehende Pferdekopf war hier stilisiert. Zum reicheren eisernen Behang zählten neben dem Steigbügel noch Ringe mit Röhren, die Mähne und Schwanz symbolisierten, sowie Modelle von Messern, Dolchen, Lanzen und Hämmern – magischen Instrumenten, die dem Schamanen bei seinen Kämpfen mit Dämonen dienten. Während der Séance wurden solche Stäbe oft wie Steckenpferde benutzt. Wie anderswo die Trommeln weihte man bei den Burjaten die Schamanenstäbe.

Eiserne Rentierstäbe kannten die samojedischen Völker des westlichen Sibirien, doch waren dort auch Trommeln in Gebrauch. Prokovyeva beschreibt ein solches Instrument, das unten in einem Huf endete und am oberen Ende ein Gesicht zeigte – das des Herrn des Stabes (Abb. 88). An zwei Bügeln unterhalb des Kopfes, die an Arme erinnern, hingen Ringe. Zu einem breitgehämmerten und mit diagonalen Gravuren verzierten Abschnitt weitete sich die Mitte des Stabes.

Der Rentierstab diente speziell der Unterweltsfahrt (bei Heilungen und beim Geleit von Totenseelen). Sein vor das Gesicht des Schamanen gehaltener Griff sollte vor dem kalten Wind auf dem eisigen Weg zwischen Erde und Unterwelt schützen und, wie Prokofyeva vermutet, zudem die Geister hinsichtlich der Identität des Schamanen täuschen. Während der Séance reichte dieser die Trommel seinem Assistenten, der sie weiter schlug, während der Schamane mit dem Stab das Feuer umtanzte. Beide Instrumente gelangten gleichzeitig zum Einsatz, was vermuten läßt, daß der Stab, anders als bei den Burjaten, mehr als nur ein Trommelersatz war.

Nioradze ist der Ansicht, daß ähnliche Stäbe bei den Keten den Weltenbaum symbolisierten. Dort liefen sie am oberen Ende – einer Gabel vergleichbar – in drei Zinken aus und waren in der Mitte mit einem Querstab versehen, auf dem sich die herbeigerufenen Geister niederließen. Erinnert schon die Form an einen Baum, so unterstreicht die Tatsache, daß der Schamane den Stab am Vorabend der Séance vor seiner Behausung aufsteckte, diese Deutung, denn auch vor der Tür des mystischen Schamanen Doh soll ein Baum gestanden haben. Stäbe besaßen auch die Schamanen der Jakuten und Kirgisen.

# 13   Hölzerne Idole

Gleichfalls erwähnenswert sind die meist hölzernen Idole und Gerätschaften, die oft in großer Zahl bei einer Séance zum Einsatz gelangten. Im Bericht über die Ekstase eines evenkischen Schamanen wurde bereits auf entsprechende Geistersymbole verwiesen (S. 61ff.). Sie stellten in ihrer Mehrzahl tiergestalige Helfer dar, daneben auch Weltenbäume sowie Waffen und Werkzeuge. Hier begegnet also die gleiche Symbolik wie bei Tracht und Trommel. Wir verzichten darauf, vergleichbare Paraphernalia anderer Ethnien zu schildern, und beschränken uns auf ANISIMOVS Beschreibung evenkischer Idole.

Zu Beginn des Rituals saß der Akteur auf einer kleinen Plattform, bestehend aus sechs schmalen, langen Brettchen, die an den Enden spitz zuliefen (Abb. 89 A). An einem Ende hatte man jeweils grob einen Kopf gestaltet. Diese Brettchen galten als Forellen, Begleiter des Schamanen bei seiner Fahrt auf dem Weltenfluß, wo ihm Trommel

89   Hölzerne Idole eines evenkischen Schamanen: A Forellen, B Messer, C Bärenspeer, D Baum des Schamanen, E Forelle, F Hecht, G Baum der Unterwelt, H Baum der Oberwelt

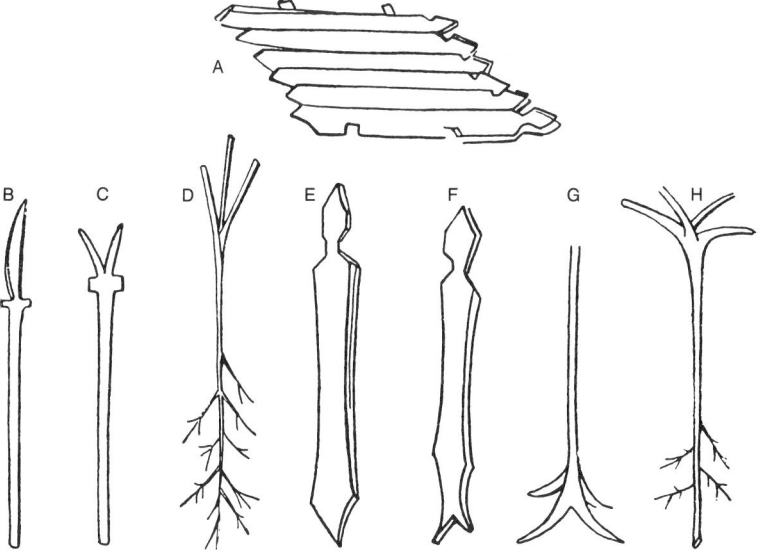

und Schlegel als Boot und Paddel dienten. Zu beiden Seiten lagen weitere hölzerne Gegenstände: ein langstieliges Messer und ein zweizinkiger Bärenspeer (in Miniatur) – Waffen zur Abwehr böser Geister –, des weiteren zugerichtete Brettchen, die denen des Sitzes glichen und andere Hilfsgeister – Forelle und Hecht – verkörperten (Abb. 89 B, C, E, F). Das vergleichsweise häufige Auftreten fischgestaltiger Geister entsprach dem evenkischen Glauben an einen Weltenfluß, der Unter-, Mittel- und Oberwelt verband. Doch auch der Weltenbaum war präsent, ohne, daß dies als Widerspruch empfunden wurde. Drei aus Zweigen gefertigte Baummodelle, jeweils mit gespaltenem Stammende (Wurzelsymbol), repräsentierten eine Lärche (den Baum des Schamanen, in dem sein Alter ego lebte und aus dessen Holz seine Trommel bestand), den Baum der Unterwelt und den der oberen Welt (Abb. 89 D, G, H). Die Evenken glaubten, daß neben dem einen Weltenbaum, der wie der Weltenfluß alle drei Sphären verband, jede der drei Sphären noch einen eigenen Baum habe: Der der oberen Welt wurzelte im Himmelsgewölbe und reichte mit seiner Spitze an die Mittelerde (er wuchs also von oben nach unten), der der Unterwelt ragte hingegen wie die irdischen Bäume von unten nach oben. Der Baum der oberen Welt wurde deshalb stets als auf dem Kopf stehend dargestellt. Unter den Wurzeln der jenseitigen Bäume ruhte der Schamane bei seiner Reise, um sich zu kräftigen.

Diese Symbolik begegnet erneut bei den östlich und westlich des Zeltes (der Mittelerde oder Insel des Schamanen) angelegten Bereichen, die Ober- und Unterwelt bzw. Ober- und Unterlauf des Weltenflusses darstellen sollten. Die aus Lärchen angefertigten Pfähle, die den östlichen Bezirk umgaben, waren denn auch mit ihren Spitzen in den Boden gesteckt und ragten mit den Wurzeln in die Luft, gleich dem Baum der oberen Welt. Die auf diesen Pfählen waagerecht ruhenden Lärchen wiesen mit ihren Wurzeln entsprechend nach Osten, in Richtung Oberwelt. Umgekehrt war es im Bereich westlich des Schamanenzeltes, wo man die Wurzeln in den Boden steckte bzw. nach Westen ausrichtete. Der Weltenbaum selbst stand in der Mitte des Zeltes: eine Lärche, die mit ihrer Spitze durch das Rauchloch ragte und dem Schamanen als Himmelsleiter diente.

Innerhalb der Umzäunung, die den östlichen Bezirk umgrenzte, standen aus Pfählen grob zugehauene anthropomorphe Geisterdarstellungen (Abb. 90 A). Sie verkörperten die Wächter der Oberwelt und

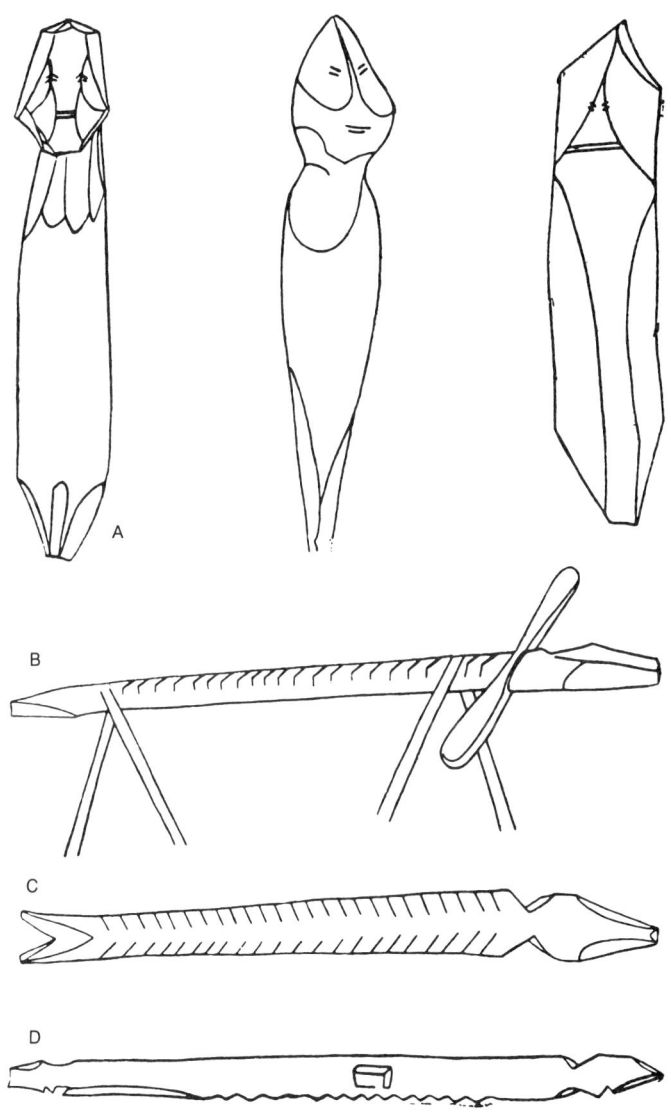

90  Hölzerne Idole (Hilfsgeister) eines evenkischen Schamanen: A Ahnengeister,
    B Rentier, C Forelle, D Hecht

sollten die Seelen der Klan-Mitglieder behüten. Genannt wurden sie Großväter, Großmütter oder Vorfahren – ein Beleg für die große Bedeutung der Klan-Organisation bei den Evenken und damit der Wertschätzung der Ahnen. Den menschengestaltigen Wächtern standen zoomorphe Hilfsgeister zur Seite: drei Rentiere – das Ren galt als mächtigster Gehilfe des Schamanen – und große Forellen (Abb. 90 C), die quer über den Renen lagen. Die Rentiere bestanden aus einem Balken mit grob behauenem Kopf- und Schwanzende, der auf vier Füßen ruhte. Ein Querholz am Kopf bezeichnete das Geweih (Abb. 90 B); der Balken selbst war quer zur Längsrichtung mit parallel gesetzten Kerben versehen.

Auch der Zugang von der Ober- zur Mittelwelt wurde von fischgestaltigen Geistern – zwei Hechten – bewacht. Plaziert am Eingang des Zeltes, markierte ein rechteckiges Loch in ihrer Körpermitte jeweils den kosmischen Durchgang (Abb. 90 D). Neben den beiden Hechten erhoben sich zwei anthropomorphe Wächterfiguren, zwischen denen man nach Eintritt aller Teilnehmer in das Zelt Bretter aus Lärchenholz diagonal befestigte, um so bösen Geistern den Zutritt zu verwehren.

Auch im westlichen, unterweltlichen Bereich konnte der Schamane auf Helfer zählen. Hier fungierten vertrocknete ›Geister-Lärchen‹ als Wächter, außerdem anthropomorphe Ahnengeister, die den Eingang zur Unterwelt sicherten, und weitere menschengestaltige, mit Speeren bewaffnete spirituelle Wesen, die die Flußmündung bewachen und verhindern sollten, daß fremde Schamanen, die dem Klan schaden wollten, hier eindringen konnten.

Dazu muß man wissen, daß der Kosmos der Evenken mit den drei genannten Welten nur als der des einen Klans galt, weshalb der Weltenfluß auch als Klan-Fluß bezeichnet wurde. Andere Klans oder gar Ethnien hatten dieser Konzeption zufolge ihre eigenen Welten – eine Vorstellung, die uns fremd anmutet. Die Menschheit bestand hier also nur aus der eigenen Gruppe bzw. Ethnie, alle anderen Völker zählten nicht dazu. Daher lauten die traditionellen Eigenbezeichnungen bei solchen Gruppen oft schlicht und einfach ›Menschen‹. Der Menschheitsbegriff, der alle Angehörigen fremder Ethnien und Kulturen einschließt, ist eine relativ junge, spezifisch abendländische Erscheinung.

An den unterweltlichen Gestaden des Klan-Flusses standen dem Schamanen auch tierische Assistenten zur Verfügung: Taucher, Enten

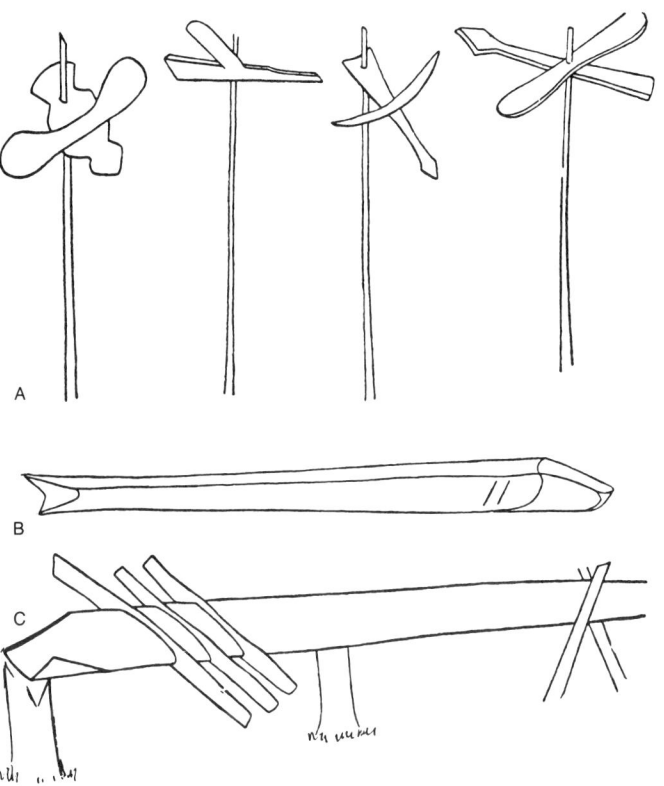

91 Hölzerne Idole (Hilfsgeister) eines evenkischen Schamanen: A Vogelgeister,
B Aalquappe, C Elchkuh

und Gänse in Gestalt stilisierter hölzerner Vögel, die auf Stangen aufge-
pflanzt waren (Abb. 91A). Dies berührt seltsam, wurden Vögel (abgesehen von den Tauchern) doch gewöhnlich mit der Oberwelt assoziiert. Den oben erwähnten Ahnengeistern, die den Eingang zur Unterwelt bewachten, gesellten sich zwei Aalquappen bei, hergestellt aus
Holzbalken, mit erkennbar herausgearbeitetem Schwanz und Kopf
(Abb. 91B). Diesen Wesen oblag es, alle Bewohner der Unterwelt zu
verschlingen, die ihren angestammten Bereich zu verlassen trachteten,
um unter den Menschen Krankheit und Übel zu verbreiten.

Im Zentrum des westlichen Bereiches plazierte man eine dem oben erwähnten Ren ähnelnde Figur, die als Elchkuh galt (Abb. 91 C). Sie wurde flankiert von Maralhirschen. Auf diesen drei Figuren ruhte eine große Forelle mit mehreren sogenannten Fallen, rechteckigen Löchern entlang der Mittelachse des Brettes, das vorn in einen Kopf und hinten in einen Fischschwanz auslief. Daran lehnten vertrocknete Lärchenstangen, die an ihren Spitzen hölzerne Vogelidole trugen. Das Ganze erinnert in seiner Konstruktion an ein Fischwehr. Hier verwahrte der Schamane die von ihm gefangenen bösen Geister, die in Gestalt von Wolf, Vielfraß, Hermelin oder Wiesel auftraten und wiederum als stark stilisierte Holzfiguren dargestellt wurden.

Südöstlich des Oberwelt-Bezirkes errichtete man einen Lärchenstamm, der gleichfalls den Weltenbaum darstellte und an der Spitze mit einem Kreuz versehen war, an dem roter und schwarzer Stoff hing; das Kreuz war Symbol des höchsten himmlischen Wesens, die Stofflappen Kennzeichen des Erdgeistes bzw. des Unterweltsdämonen. Des weiteren hingen hier das Fell des bei der Séance geopferten Tieres, weitere anthropomorphe Geisterbilder und ein Stab mit Sonnen- und Mondsymbol.

Diese keineswegs vollständige Aufzählung von Paraphernalia, die für die Jenseitsreise notwendig waren, verdeutlicht die Komplexität des schamanischen Rituals und die detailreiche kosmologische Konzeption der Evenken. Kostüm und Trommel bildeten hier nur einen Teil der erforderlichen Ausrüstung.

Bei den wenigsten Gruppen war die Jenseitssymbolik jedoch so ausgeprägt wie bei den Evenken, obwohl mancherorts ähnlich aufwendige Vorkehrungen getroffen wurden: Erinnert sei an die S. 54 f. beschriebene Weihe bei den Burjaten, bei der vor allem mit Bändern und Fellen behängte Birken zum Einsatz kamen, oft verbunden durch eine Schnur, die den Regenbogen darstellte.

Bei den Jakuten symbolisierte – wie Harva berichtet – eine solche Schnur den Weg des Schamanen zum Himmel, dem er die Seele eines geopferten Tieres zuführte. Befestigt war sie an neun nord-südlich ausgerichteten astlosen Tannen, denen sich drei Pfähle mit Vogelfiguren (mythischer Vogel, Lumme oder Rabe und Kuckuck) anschlossen, deren Schnäbel gleichfalls nach Süden wiesen. Am Ende dieser Reihe wartete das Opfertier auf seine Himmelfahrt.

Bei den Dolganen, Verwandten der Jakuten, vollzog der Schamane seine ekstatische Jenseitsreise entlang von neun zunehmend längeren Stangen, die ebenfalls von Vogelfiguren gekrönt waren und (wie die Bäume der Jakuten) die neun Stockwerke des Himmels markierten, die er durchwandern mußte.

# 14   Sonstige Instrumente

Bei einigen samojedischen Gruppen, aber auch bei manchen Turk-Völkern Südsibiriens sowie bei den zentralasiatischen Kirgisen verwendete man einen Bogen als Ersatz für die Trommel. HARVA vermutet sogar, daß bei den Samojeden und den ihnen verwandten Ugriern (Chanten, Mansen) der Gebrauch des Bogens älter sei als der der Trommel.

Die Berichte über den Symbolgehalt des Bogens sind nicht immer eindeutig. Es heißt, er habe als Waffe gegen böse Geister gedient, aber auch, der Schamane werde von der Bogensehne gleichsam wie ein Pfeil in den Himmel geschnellt. Auch als eine Art Musikinstrument scheint er benutzt worden zu sein. Die mit Hilfe der Sehne erzeugten Geräusche könnten der lautlichen Untermalung der Séance gedient haben. Dies läßt u. a. der Gebrauch der russischen Balalaika bei zentralasiatischen Schamanen vermuten, die ebenfalls keine Trommel verwendeten.

Bei den Burjaten und Sojoten besaßen die Schamanen Maultrommeln, die vor allem der Wahrsagerei, aber auch der Anrufung der Geister dienten. Die eisernen Instrumente der Burjaten durften nur von einem weißen Schmied (hier kannte man analog zu den Schamanen weiße und schwarze Schmiede) gefertigt werden, was ihre Verbindung zur himmlischen Sphäre unterstreicht. Auch die Burjaten verwendeten zuweilen ein Saiteninstrument.

Neben diesen Gerätschaften fanden – vor allem außerhalb Nordeurasiens und des nördlichen Nordamerika – auch Rasseln (z. B. aus Kürbissen), kleine rasselartige Trommeln, Saugrohre (zum Aussaugen der Krankheit), Federn unterschiedlichster Art, Muscheln u. a. Verwendung. Es würde zu weit führen, all diese weniger bedeutenden Hilfsmittel detailliert aufzuführen.

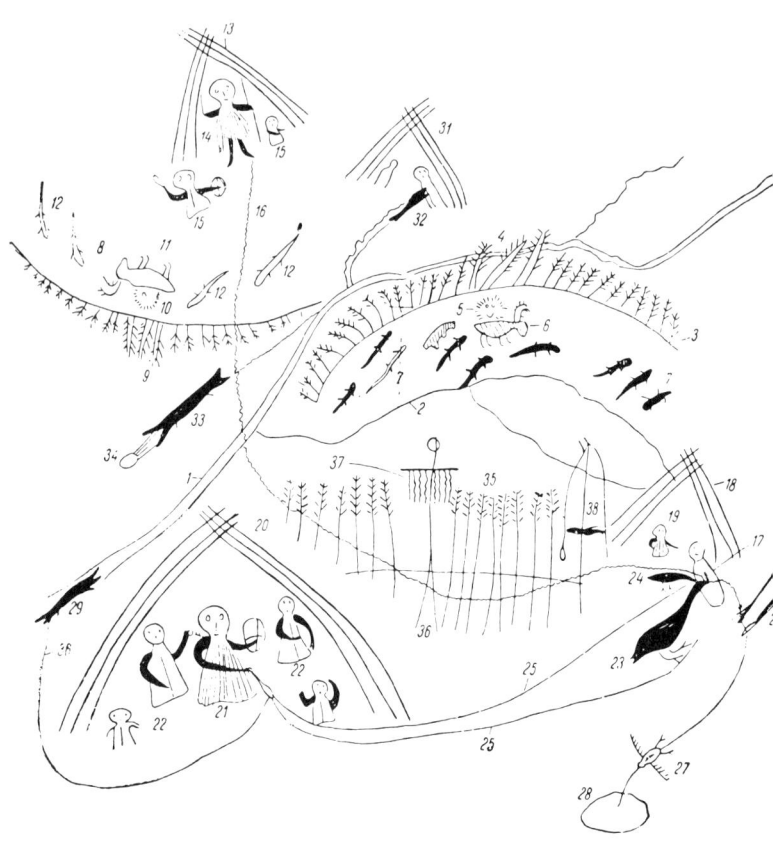

92  Graphische Darstellung einer schamanischen Krankenheilung, gezeichnet
von einem Evenken: 1 Die Steinige Tunguska  2 Ihre Nebenflüsse  3 Gebiet
des Momol-Klans  4 Heiliger Berg des Klans  5 Herrin des Klangebiets
(Geist)  6 Schutzgeist des Klans  7 Geisterwächter  8 Gebiet des Nyurum-
nal-Klans  9 Kultplatz des Klans  10, 11 Schutzgeister des Klans  12 Seine
Geisterwächter  13 Zelt des Nyurumnal-Schamanen  14 Der Schamane
15 Seine Helfer  16 Weg des Dämons, den der Schamane zur Vernichtung
des Momol-Klans ausschickt  17 Der Dämon überwindet die Geisterwächter
und befällt in Gestalt eines Holzwurmes einen Momol, der erkrankt  18 Zelt
des Kranken  19 Seine Frau  20 Zelt des Momol-Schamanen  21 Der
Schamane ermittelt die Krankheitsursache  22 Zuchauer  23 Hilfsgeist
(Gans)  24 Hilfsgeist (Schnepfe); beide versuchen, mit ihren Schnäbeln den
Dämon zu fangen  25 Weg der Hilfsgeister  26 Der gespaltene Pfahl und
das Messer (Hilfsgeister) stellen den fliehenden Dämon  27 Ein Hilfsgeist

(Eule) schluckt ihn und trägt ihn zum Abgrund der Unterwelt   28 Eingang zur Unterwelt   29 Der Momol-Schamane sendet einen zweiköpfigen Hecht als Rachegeist aus   30 Weg des Hechtes   31 Zelt eines Nyurumnal   32 Der Hecht entreißt seinem Opfer die Seele   33 Er entführt sie   34 Seele   35 Der Momol-Schamane errichtet dort, wo der Dämon eindrang, einen Zaun aus Lärchen-Geistern   36 Er plaziert Wächter (gespaltene Pfähle) am Weg des fremden Dämons   37 Felle geopferter Tiere   38 Fell eines den höchsten Göttern geopferten Rens

Ergänzend sei noch hingewiesen auf Darstellungen und Gegenstände wesentlich künstlerischer Art, die zwar vom Schamanentum inspiriert, ihm aber nicht unmittelbar verbunden sind. In diesen Kontext gehört beispielsweise die Zeichnung eines alten Evenken, die ANISIMOV veröffentlichte (Abb. 92). Sie zeigt, wie der Schamane seines Klans einen seiner kranken Sippengenossen heilt, den eine vom feindlichen Nachbar-Klan gesandte Krankheit in Gestalt eines Wurmes befallen hat. Sowohl der Ort des Geschehens (an den Ufern der Steinigen Tunguska im zentralen Sibirien) mit den Lagerplätzen beider Klane als auch die am Handlungsablauf beteiligten Personen und Geister sowie die zur Séance notwendigen Gerätschaften sind wiedergegeben. Der gesamte Ablauf des Geschehens ist in der Bildfolge dargestellt. Solche Abbildungen oder auch Geisterporträts, wie sie RASMUSSEN von den Eskimo veröffentlichte (Abb. 93), wurden in der Regel auf Wunsch interessierter Besucher angefertigt und gehörten nicht zu den traditionellen Darstellungsformen.

93   Zeichnung eines Eskimo: Dieser unheimliche Geist begegnete ihm in den Bergen

Auch moderne Kunstwerke – beispielsweise der Eskimo und der Indianer Nordamerikas – zeugen von einer schamanistisch geprägten Glaubenswelt (Abb. 4, 13, 14, 16). Doch handelt es sich hier nicht um eine Wiederaufnahme traditioneller Sakralkunst, sondern um Neuschöpfungen, die häufig von der modernen westlichen Kunst beeinflußt sind und für ›weiße‹ Kunden hergestellt werden. Dennoch offenbaren sie ein gewachsenes Selbstbewußtsein dieser Ethnien und das Bestreben, an die Wertvorstellungen und Überzeugungen der Vorfahren anzuknüpfen.

# IV  Darstellungsweisen des Jenseitigen

## 1  Gesänge, Beschwörungen, Prosa

Zu den Aufgaben des Schamanen gehörte es, seine jenseitigen Erlebnisse und die im Jenseits für das Wohl seiner Mitmenschen gewonnenen Erkenntnisse mitzuteilen. Dies geschah im Verlauf der Séance z.B. durch Gesänge und andere verbale Äußerungen, konnte jedoch auch nachträglich in Form eines Berichtes erfolgen.

Letzteres war üblich, wenn der Schamane in der Ekstase nahezu jeden Kontakt zu seiner irdischen Umwelt verlor und wie bewußtlos dalag. Nach seiner Rückkehr erzählte er dann, was ihm auf seiner Jenseitsreise widerfahren war – vergleichbar gewöhnlichen Sterblichen, die ihre Träume mitteilen. So jedenfalls wird es von Schamanen der Eskimo berichtet, die – oft gefesselt – hinter einem Fellvorhang in einem dunklen Raum liegend ihre kosmische Reise durchführten.

Meist jedoch war der Kontakt zum Auditorium nur kurzzeitig oder überhaupt nicht unterbrochen. Zwar befand sich der Schamane in Ekstase, doch hinderte ihn das nicht, seine Erlebnisse beredt und oft in wohlgesetzten Reimen kundzutun. Diese folgten in Versmaß und Inhalt den überlieferten Regeln, bezogen sich etwa auf die traditionelle kosmische Topographie oder das hergebrachte Pantheon himmlischer und unterweltlicher Wesen. Da jedoch jede Aktion des Schamanen von spezifischen Gegebenheiten bestimmt wurde, mußte das durch Überlieferung Vorgegebene jeweils modifiziert und variiert werden. Die ekstatischen Erlebnisse gestalteten sich daher immer wieder neu, weshalb auch die schamanischen Gesänge und sonstigen Äußerungen über die bloße Rezitation starr festgelegter und bekannter Texte hinausgingen. Der Schamane mußte den kulturell vorgegebenen Fundus an Jenseitsvorstellungen stets schöpferisch und der Situation angemessen aktualisieren. Die genaue Kenntnis der traditionellen Überlieferungen, Gesänge und Beschwörungsformeln sowie die Fähigkeit, diese in angemessener Form vorzutragen, bildeten zwar die notwendige Voraussetzung, waren jedoch keinesfalls ausreichend. Sie mußten ergänzt werden durch die schöpferische Gestaltungskraft des Schamanen, der die traditionellen Vorstellungen seines Volkes nicht nur durch- und erlebte, sondern sie innerhalb des vorgegebenen Rahmens jedesmal neu kreierte – und dies spontan, in entrücktem Zustand, dem natürlich die Reflexion über den aktuellen Anlaß seiner Séance stets vorausging.

Für den in abendländischen Denktraditionen Erzogenen mag es nur schwer nachvollziehbar sein, daß in ekstatischem Zustand die sehr komplexe Überlieferung nicht nur präsent war, sondern darüber hinaus in angemessener Weise inszeniert werden konnte. Diese Befähigung demonstriert die eingangs erwähnte intellektuelle Potenz des Schamanen. Doch auch das Vermögen, sich in das Denken, die Ängste und Gefühle seiner Patienten und Zuschauer hineinzuversetzen, diese in sein transzendentes Erleben einzubeziehen und ihnen umgekehrt seine eigenen Gefühle zu vermitteln, werden hier faßbar. All dessen bedurfte es, um die traditionellen religiösen Konzeptionen nicht nur zu verbalisieren, sondern lebendig werden zu lassen in einer der psychischen Verfassung der Gruppenmitglieder angemessenen Weise. Wer dazu nicht in der Lage gewesen wäre, hätte nicht als Schamane agieren können, sondern bestenfalls als Zeremonienmeister, als Rezitator formelhafter Lyrik und Prosa.

Von den Jakuten berichtet BUDDRUSS diesbezüglich: »Die Fähigkeit, dichterisch gebundene Worte sprechen zu können, die Gabe poetischer Improvisation, gilt als ein bedeutsames Kennzeichen schamanischer Begabung. Damit weist der werdende Schamane vor der Gemeinschaft aus, daß ein Vorfahrengeist in ihn eingegangen ist« (FRIEDRICH/BUDDRUSS 1955: 79).

Diese wesentliche Eigenschaft des Schamanen, die sich natürlich ebenso außerhalb der Séance offenbarte, beschreibt auch DIÓSZEGI im Anschluß an seine 1958 durchgeführte Forschungsreise nach Sibirien: »Doch nicht nur in den Zeremonien zeigte sich die Besonderheit der Schamanenpersönlichkeiten. Unvergeßlich werden mir jene Abende bleiben, die ich in Kyzlasov's Jurte verbrachte. Mit welcher lyrischen Gabe sprach er vom Tanz der Birken- und Zedernkiefernscheite im Feuer, mit welcher Kraft der Fantasie verliehen seine hingeworfenen Worte den flackernden Schatten an der Wand Leben und Bedeutung. Als der burjatische Schamane Chadi uns bei Tagesanbruch aufrüttelte, damit wir gemeinsam den Schamanenstock zuschnitten, suchte er uns unterwegs die Geheimnisse der Natur zu deuten und tat das aus einem tiefen, menschlichen Gefühl heraus. Mit den Worten eines Dichters erzählte der Schamane Kokuev auf unserem Weg durch die Taiga von den roten und schwarzen Quellen, dem Vollmond und Sonnenaufgang, von den auf Grashalmen glitzernden Tautropfen. – Schwungvolle Vorstellungskraft und suggestive Vortragsweise, der Besitz eines mehr oder weniger entwickelten ästhetischen Gefühls, beeinflussen in hohem Maße den Rang und Grad eines Schamanen« (Diószegi 1959: 65).

Der Schamane zeichnete sich also durch Eigenschaften aus, die in unserem Kulturkreis zumeist Künstlern als charakteristisch zuge-schrieben werden. So erklärt sich auch die in den ethnographischen Berichten wiederholt geäußerte Behauptung, der Schamane sei auch Künstler gewesen. Falsch wäre es jedoch, ihn einem modernen Künst-ler gleichzusetzen. Er war kein Schauspieler, Tänzer oder Dichter, obgleich er darstellte, tanzte und vortrug. Diese Handlungen waren unabdingbar eingebettet in seine Tätigkeit als religiöser ›Funktionär‹, als Wanderer zwischen den Welten. Eine Übertragung des uns geläufi-gen Verständnisses von Kunst und Künstlerstatus auf Gesellschaften, in denen Schamanen wirkten, ist ohnehin unangebracht.

Ehe anhand einiger Beispiele die dichterische Kraft von Schamanen dargestellt wird, ist es notwendig, die dabei verwendete Sprache zu charakterisieren, die oft – wenn auch nicht durchgängig – erheblich von der Alltagssprache abwich. Der Schamane bediente sich einer altertümlichen Syntax, ungebräuchlicher Worte oder auch besonderer Begriffe, die in der Alltagssprache nicht vorkamen. Dies machte seinen Vortrag oft schwer verständlich, erhöhte aber zweifellos die Wirkung auf das Auditorium, artikulierte der Schamane sich doch in der Sprache der Jenseitigen oder sprachen gar die Geister durch seinen Mund. Einem bei der Séance assistierenden Helfer (oder im Anschluß daran ihm selbst) oblag es dann, den Sinn des Gesagten verständlich zu machen.

Zahlreiche Reisende, Ethnologen und Religionswissenschaftler zeichneten Gesänge, Beschwörungen, Gebete, Hymnen und andere verbale Äußerungen von Schamanen auf und übersetzten sie mehr oder weniger treffend. Kulturelle Distanz, Sprachprobleme – nicht zuletzt bedingt durch die Eigenart der ›Schamanensprache‹ – und der besondere Charakter der schamanischen Dichtkunst erschwerten freilich adäquate Übertragungen, ja machten sie oft unmöglich. Diese Problematik erläutert BUDDRUSS im Zusammenhang mit der Interpretation eines jakutischen Schamanengesanges anläßlich einer Trommelweihe:

»Das Wesen schamanischer Beschwörungsdichtung ist also eng mit der psychischen Verfassung des Schamanen während einer Séance verknüpft und muß von ihr aus zu großen Teilen verstanden werden. Wie der Schamane in der Ergriffenheit der Trance sich selbst mit seinem Schauen und Wirken über die natürlichen Grenzen räumlicher und zeitlicher Beschränktheit hinaussteigert, so strömen ihm auch seine Worte zu einer Dichtung immer neu sich aus sich selbst vergrößernder Bilder. Selten treten fest gezeichnete Gestalten in den Blick, die Konturen der Gegenstände zerreißen, fügen sich zu neuen Dingen, deren statische Qualität bedeutungslos wird, auf deren dynamisches Leben nur sich die menschliche Erwartung richtet. Der Gegenstand, den der Schamane besingt und der im Mittelpunkt des ganzen Ritus steht, oszilliert um die statischen Werte Trommel, Pferd und Vogel. Die greifbar vorliegende, dingliche Trommel weitet ihr Wesen. Sie ist eine Trommel, wenn es gilt, Rhythmen zu erzeugen. Sie wird ein Roß, wenn es gilt, in die Unterwelt zu stürmen. Sie wird ein Vogel, wenn es gilt, durch den Himmel zu fliegen. Die Eindeutigkeit des Dinges löst sich auf in eine dynamische Vielfalt möglicher Funktionen, die sich im hymnischen Schwung gesteigerten Gefühls zu suggestiven Bildern formen, zu Bildern, die gleichzeitig Chiffren für Erkanntes und Hilfen des Erkennens sind. In diesem sprunghaften Vorwärtsstürmen, im Überspringen scheinbar notwendiger Glieder einer Gedankenkette, über die der Schamane seine Worte hinwegreißt und von ihnen hinweggerissen wird, liegt die eine Komponente der schamanischen Dichtung. Aber es gibt noch eine kreisende Gegenbewegung zu diesen geraden Linien. Die Ergriffenheit, in der der Schamane dichtet, ist nicht nur ein Hinauswachsen über die eigenen Grenzen, ein Niederreißen natürlicher Hindernisse. Sie ist auch gleichzeitig Konzentration, Kreisen um einen Mittelpunkt. Das Objekt im Mittelpunkt erscheint

94   Eine Schamanin aus der Gegend von Krasnojarsk, Sibirien (um 1780)

immer wieder unter neuen Aspekten, wird ausgekostet in immer
neuen Bildern. Die Steigerung, zu der es dabei kommen kann, bewegt
sich auf immer sich vergrößernden konzentrischen Kreisen. (...)

Dabei bleiben die Mittelpunkte dieser Kreisbewegungen nicht fest. Sie wechseln, entschwinden, kommen wieder. Ein kontinuierlicher, zielgerichteter Gedankengang scheint dem Hymnus zu fehlen. Und doch ist eine gewisse Ordnung erkennbar, keine Ordnung zwar im Sinne eines lückenlos gestuften, in sich schlüssigen Aufbaues. Die Ordnung des Ganzen kommt von der Einheit des Anliegens. Dieses Anliegen, die Belebung der Trommel und die Überwindung ihrer Mutterseele, klammert alles scheinbar Auseinanderstrebende zu einer Einheit zusammen. Das scheinbar unverbindliche der Reihung sich assoziierender Bilder bekommt seine innere Geschlossenheit durch den hörbaren Grundton eines weltanschaulichen Anliegens. Deshalb ist die schamanische Dichtung nicht wirre Improvisation, die auf ihren Sinn zu prüfen wenig Erfolg verspräche. Wie ihre formale Ausprägung durch ein strenges Metrum zusammengehalten wird, so erheben sich ihre Inhalte über einer feststellbaren Basis von Anschauungen und Vorstellungen, die alle Aussagen in einen Sinnbezug stellt« (FRIEDRICH/ BUDDRUSS 1955: 67 ff.).

Einige Auszüge aus dem hier besprochenen Lied mögen einen Eindruck von der Dichtkunst des Jakuten-Schamanen vermitteln. Er preist seine Trommel und besingt ihre Zähmung mit folgenden Worten:

> »Pferd zum Fahren! Roß zum Reiten!
> Du mein hoffnungsvoller Wagen!
> Fluges Flügel! Goldner Sturmwind!
> Töne gieße aus dein Zierat!
> Kühnes Roß, gebändigt Tier du!
> Lärmend klirre der Behang dir!
> Ich bezwang dich, machte sanft dich!
> Hab, so scheint es, dich besiegt!
> Hab gequält dich ohne Rücksicht!
> Stieß die Mutterseele nieder!«

Wenig später berichtet er von den künftigen Aufgaben seines Reittieres bei der Jenseitsreise und den Krankenheilungen:

> »Sei das beste kühne Pferd
> Auf dem großen Opferwege!

Zu dem hoch erhabnen Orte
Soll geleiten dich beschwörend
Deine kühne Mutterseele!
Du wirst sein mein feines Ohr,
Du wirst sein mein scharfes Auge,
Biegsam Knie, gebeugte Elle,
Meine hoch gewölbte Wange,
Du wirst sein mir die Bewegung,
Du wirst sein für mich die Ruhe!
Sei beredsam, sei gesprächig!
Schütze vor den Krankheitsstürmen!
Dem Geschlecht der unsichtbaren
Bösen Geister sperr den Weg!
Räume weg das, was zuviel ist,
Räume weg, was Schaden bringt,
Großes Wunder, Trommelpferd!
Sonne – Federn, Mond – ein Flügel,
Horn – ein Stern, du einzges Auge,
Große, starke, hohle Trommel,
Spannpferd bist du, trägst ein Halfter!
Schwerer Krankheit, schnellen Unglücks,
Wisse deren Grundursache,
Jag, verfolg sie, reib sie auf,
Werd nicht schwankend, werd nicht schwach!«

Anschließend ruft der Schamane die mächtigen Geister an, erbittet ihre
Hilfe und entwirft ein Bild zukünftiger Fahrten mit seiner Trommel:

»Geisterherren erhabener Orte,
Geistergebieter der Herrinnen Flüsse,
Bunt gefärbte Gesichter der Seen,
Zügel der bunten Rücken der Berge,
Ihr, die Kühnen, höret auf uns!
Seid uns Kraft und seid uns Hilfe! –
Bäume, tief geneigt nach vorne,
Drei gekrümmte Einjahrsstämme
Bilden deinen Grund, o Trommel,
Gaben für dich ihren Stoff.

Du bist schneller als das Schnelle!
Werd dich mit der Hand ergreifen,
Werde, Kühne, dich verschlingen,
Dich mit trockner Haut beschlagen,
Werde eine Peitsche machen,
Streifig und von Stierbeindicke,
Werde lärmend und mit Tosen
Durch den höchsten Himmel jagen!
Mein Weg ist der Saum einer purpurnen Wolke,
Der Rand einer goldnen Wolke im Westen.
Die Flügel öffnend flieg ich hervor,
Den Kopf nach unten jag ich davon!«
(FRIEDRICH/BUDDRUSS 1955: 306 ff.)

Der Gesang endet mit einer Beschreibung der Unterwelt und geht dabei noch einmal auf die Zähmung und die Funktion der Trommel ein.

Einen ebenso lebendigen Eindruck von der schamanischen Vorstellungswelt vermittelt die Schilderung des Unterweltherrschers Erlik Khan, die RADLOFF vor mehr als hundert Jahren im Altai-Gebiet aufzeichnete:

»Du, Erlik auf schwarzem Rosse,
Hast ein Bett aus schwarzem Biber,
Deine Hüften sind so mächtig,
Dass kein Gürtel sie umspannet,
Deinen Hals den allgewalt'gen,
Kann kein Menschenkind umfangen;
Spannenbreit sind deine Brauen,
Schwarz ist deines Bartes Fülle,
Blutbefleckt dein graues Antlitz.
O, du reicher Kan Erlik,
Dessen Haare strahlend funkeln,
Immer dienet dir als Eimer
Eines todten Menschen Brust;
Menschenschädel sind dir Becher,
Grünes Eisen ist dein Schwert,
Eisen – deine Schulterblätter,

Funkelnd ist dein schwarzes Antlitz,
Wellend flattern deine Haare.
Bei der Thüre deiner Jurte
Stehen viele mächt'ge Throne.
Einen ird'nen Dreifuss hast du,
Eisern ist dein Jurtendach.
Reitest den gewalt'gen Ochsen.
Zum Bezug für deinen Sattel
Reicht nicht eines Pferdes Haut«
(Radloff 1884, II: 10)

Diesen Schrecklichen hat der Schamane bei seiner Unterweltfahrt aufzusuchen und zu beschwichtigen, um Unheil von seiner Gemeinschaft
abzuwehren. Auch wenn dies immer wieder zu gelingen scheint,
werden die Dämonen der Unterwelt dennoch letztlich die Erde ver-
nichten:

»Dann entflammt die schwarze Erde,
Kommen um des Volkes Schaaren,
Treiben Flüsse blut'ge Wellen,
Dreh'n im Wirbel sich die Berge.
Felsen stürzen krachend nieder,
Zitternd schwankt der Himmelsbogen,
Thürmen auf sich Meereswogen,
Dass der Meeresgrund erscheinet.
Auf dem Grund des Meers zerbrechen
Jetzt neun grosse, schwarze Steine,
Und aus jedem dieser Steine
Steigt empor ein Eisenheld;
Die gewalt'gen Eisenhelden
Reiten auf neun Eisenrossen.
An der Rosse Vorderfüssen
Blitzen hell neun Eisenschwerter,
Und an ihren Hinterfüssen
Blinken je neun Eisenlanzen.
Treffen sie im Lauf auf Bäume,
Sinken nieder alle Bäume;
Treffen sie lebend'ge Wesen,

Sinken sie vernichtet nieder.
Kaira Kan, der Gott, der Vater,
Er, der Schöpfer dieser Welt,
Hält sich dann die Ohren zu,
Hört nicht auf des Volkes Schreien«
(RADLOFF 1884, II: 13 f.)

Ob diese letzten Verse, die vom Weltuntergang künden, anläßlich einer Séance vorgetragen wurden, bleibt unklar. RADLOFF macht dazu keine Angaben. Aus dem Inhalt läßt sich schließen, daß sie nicht eigentlich unmittelbares Erleben des Schamanen wiedergeben (obwohl solche Visionen im Zustand der Ekstase nicht auszuschließen sind), sondern Teil der traditionellen Überlieferung waren, zu deren wichtigsten Hütern und Übermittlern der Schamane zählte. Auch unabhängig von seinen eigentlichen Aufgaben tradierte er solche Vorstellungen, unterhielt seine Gemeinschaft an langen Winterabenden mit Versen dieser Art und mit Geschichten, die von mythologischen Ereignissen oder von berühmten Schamanen der Vergangenheit kündeten. Zuweilen schlug er die Trommel auch nur zur bloßen Unterhaltung.


## 2   Non-verbale Darstellungsformen

Neben dichterischer Befähigung mußte der Schamane ein breites Repertoire an non-verbalen Ausdrucksformen besitzen. Seine seelischen Erlebnisse während der Séance, seine Reise, der Kampf mit bösen Mächten drängten zu körperlichem ebenso wie zu sprachlichem Ausdruck. Die Jenseitigen, vor allem die zoomorphen Hilfsgeister, sprachen nicht nur durch den Mund des Schamanen, sondern bedienten sich auch seines Körpers und insbesondere seiner Gesichtszüge in jeweils typischer Weise.

Darbietungen solcher Art erforderten vom Schamanen eine genaue Beobachtungsgabe, er mußte etwa das jeweils Spezifische in der Bewegung verschiedener Tierarten erfaßt haben (Abb. 95, 96). Darüber hinaus waren Körperbeherrschung und mimetische Ausdrucksfähigkeit vonnöten und – mehr noch als bei einem gewöhnlichen Schau-

196

95  Vogelflugtanz eines jakutischen Schamanen, Ostsibirien

spieler oder Pantomimen – Einfühlungsvermögen, da der Schamane
ja in Ekstase agierte. In einem solchen Zustand ist eine rein technische
Darstellung kaum denkbar. Um beispielsweise einen Hirschen zu
mimen, mußte der Akteur die Identität des Tieres – so wie er sie
begriff – annehmen. Während einer Séance wurden oft viele Wesen
vorgestellt, d. h., es war ein relativ schneller Identitätswechsel zu voll-
ziehen. Dies verdeutlicht erneut die künstlerische und psychische
Leistung, die ein Schamane zu erbringen hatte – in gewisser Hinsicht

die eines Schauspielers, der in einem Stück verschiedene Rollen unmittelbar nacheinander spielt.

Zum Verständnis dieser Befähigung mögen die Thesen Odd NORDLANDS beitragen. Er vermutet beim Schamanen eine ausgeprägte Fähigkeit zur Zerstörung der eigenen Identität in der Ekstase. Ekstasetechniken wie monotones Trommelschlagen, Verdunklung, starre Blicke ins Feuer u. a. führen – so NORDLAND – zu einer starken Verminderung der sensorischen Reize, einer sogenannten sensorischen Deprivation, die visionäre Zustände bewirken und sonst unzugängliche Schichten des Unterbewußtseins freilegen kann. Die damit einhergehende Auflösung oder zumindest Reduzierung des Ich-Bewußtseins befreit von sozialen Normen wie auch konventionellen Sicht- und Denkweisen und schafft Distanz zur gesellschaftlichen Umwelt. Die Mobilisierung sonst tabuisierter psychischer Kräfte erfordert aber auch eine Neukonstituierung ›sozialer‹ Bezüge: die Schöpfung einer Schar von persönlichen Hilfsgeistern, deren Identität der Schamane kreiert und in der Präsentation auch annimmt. NORDLAND stützt seine Argumentation auf neuere psychologische Untersuchungen, bei denen man die Versuchspersonen sensorischer Deprivation aussetzte.

Doch nicht nur Hilfsgeister wurden von Schamanen dargestellt, auch die Reise ins Jenseits mußte dem Auditorium nahegebracht werden: die Mühen des Weges, das Besteigen des Weltenbaums, der Ritt auf Trommel oder Stab, Gefechte mit feindlichen Geistern. Diese oft wild anmutenden Aktionen und Bewegungsabläufe – von vielen Augenzeugen auch als Tänze charakterisiert – steigerten und vertieften die Ekstase. Die hierbei vollbrachten körperlichen Leistungen waren enorm. Stellte schon die ekstatische Séance selbst eine starke körperliche Belastung dar, so beeindruckten die ›Tänze‹ mancher Schamanen durch geradezu übermenschliche Leistungen. Ein jakutisches Kostüm konnte mit bis zu 20 kg Eisenschmuck behangen sein. Mit diesem Gewicht am Körper agierte der Schamane dann stundenlang und vollführte dabei, wie viele Augenzeugen übereinstimmend berichtet haben, Sprünge von mehr als 1,20 m Höhe. Selbst alte und gebrechlich anmutende Schamanen steigerten sich in der Ekstase nachweislich zu solchen Leistungen. Dieser Freisetzung von Kräften während der Séance folgte natürlich ein entsprechender Erschöpfungszustand.

Seine mimetische Begabung stellte der Schamane oft auch in den Dienst bloßer Unterhaltung. Nioradze zitiert einen Bericht über die Burjaten, in dem dies anschaulich geschildert wird: »So stellt z. B. der burjatische Schamane die in verschiedenen Tieren sich befindenden Geister dar. Wenn er die Rolle des Bären übernimmt, dann ahmt er seine Bewegungen nach, geht auf allen vieren, beriecht die Anwesenden, richtet sich auf und klatscht in die Hände. Wenn irgend jemand ein Tuch nach ihm wirft, gerät er in Wut, überfällt den Betreffenden, legt ihn auf die Eingangsschwelle, beißt und zerrt ihn und wartet, bis er aufhört, sich zu bewegen. Dann macht er dasselbe mit einem zweiten der Anwesenden, legt ihn neben den ersten und überfällt wieder einen anderen usw., bis er einen ganzen Haufen an der Schwelle aufgetürmt hat. Dies alles ruft bei den Zuschauern großes Gelächter hervor« (Nioradze 1925: 97 f.).

Der Schamane agierte also auch als Schauspieler, Dichter und Poet in einer unserem Verständnis dieser Rollen nahekommenden Weise. Die profane Nutzung seiner außergewöhnlichen Begabungen war jedoch

96  Rentiertanz eines jakutischen Schamanen, Ostsibirien

nur ein Nebenaspekt seiner Tätigkeit. Doch selbst hier fehlte die religiöse Komponente selten. Die bei solchen Gelegenheiten (nicht nur vom Schamanen) vorgetragenen und meist auch mimetisch untermalten Geschichten, epischen Gesänge, Gedichte u. a. thematisierten häufig genug ja die Erlebnisse von Schamanen, die aufgrund ihrer zentralen religiösen und sozialen Position sozusagen zu literarischen Gestalten wurden. Zahllose Geschichten berichten von berühmten Schamanen einer vergangenen Zeit oder ferner Gefilde, von Urschamanen, die ihre Kunst – oft im Auftrag der Götter – den Menschen vermittelten.

Geschichten dieser Art haben BUDDRUSS und FRIEDRICH, FINDEISEN, RASMUSSEN und andere Forscher zusammengetragen und interpretiert. Interessierte Leser seien auf diese Quellen verwiesen (S. 207), die eindrucksvoll das Weltbild der verschiedenen Ethnien und ihre Vorstellungen von den Aufgaben und der Persönlichkeit des Schamanen darlegen.

97   Grab eines evenkischen Schamanen, Ostsibirien

# Schlußbemerkung

Mancher Leser mag nach diesem Streifzug durch die Welt der Schamanen noch immer eine zufriedenstellende Antwort auf die eingangs gestellte Frage vermissen, was denn eigentlich Schamanentum sei. Zwar wurde dieses Phänomen – basierend auf den uns zugänglichen Quellen – in seinen wesentlichen Zügen beschrieben, doch steht eine begriffliche Fassung seines ›Wesensgehaltes‹ weiterhin aus. Die Vielzahl der Deutungsversuche, von denen einige referiert wurden, ist zum einen der Komplexität der Thematik bei gleichzeitig oft unzureichender Quellenlage geschuldet, zum anderen – und dies wiegt zweifellos schwerer – weltanschaulichen Positionen, die unvermeidlich in die jeweiligen Antworten eingingen.

Ließe man einen Schamanen selbst sprechen, so würde er als intimer Kenner seiner Kunst gewiß eine sachhaltige Darstellung geben, aber eben vor dem Hintergrund seiner kulturspezifischen weltanschaulichen Überzeugungen. Seine Behauptung etwa, tatsächlich in den Himmel aufzusteigen, würde einen ›aufgeklärten‹ Europäer nicht befriedigen. Die kulturelle Distanz und die Verabsolutierung des eigenen, ›modernen‹ Standpunktes als allein rational und objektiv entwertet die Aussage des Schamanen als unglaubhaft. Daß auch die ›wissenschaftliche Position‹ auf – unausgewiesenen – weltanschaulichen Prämissen fußt, bleibt dabei offenkundig außer Betracht.

Eine vergleichbare, wenn auch für uns weniger augenfällige Differenz besteht zwischen Erklärungsmodellen innerhalb des uns vertrauten kulturellen Milieus. OHLMARKS' Behauptung, der Schamanismus sei letztlich Ausdruck einer kranken Psyche, ist – von allen sachlichen Einwänden einmal abgesehen – nur haltbar auf der Grundlage einer ganz bestimmten Auffassung von Normalität, die keineswegs unumstritten ist.

Wenn andererseits Religionswissenschaftler im Schamanentum eine spezifische Manifestation universaler Religiosität zu erkennen glauben, so setzt dies voraus, daß man den Menschen – unabhängig von seinem kulturellen Umfeld – als Homo religiosus sieht, dem Religiosität ein Wesensmerkmal ist. Eine These, der Atheisten zweifellos widersprechen werden.

Eng verbunden mit der Frage nach dem Wesen des Schamanentums ist die nach seinem Ursprung, und auch hier prägen weltanschauliche Standpunkte die Aussagen. Evolutionistische Theoretiker verweisen den Schamanen in die menschliche Urgeschichte, erklären ihn zum Relikt steinzeitlichen Jägertums. SCHMIDT wiederum begriff das Schamanentum als Reaktion zentralasiatischer Hirtenvölker (die sich in frühen Zeiten ihren auf die Uroffenbarung Gottes zurückgehenden Hochgottglauben bewahrt hätten) auf Einflüsse aus agrarisch-mutterrechtlichen Kulturen mit chthonischen Glaubensvorstellungen. Dem lag die Absicht zugrunde, den christlichen Monotheismus und das Konzept einer göttlichen Weltschöpfung ethnologisch zu untermauern.

Diese Beispiele mögen genügen, um die Problematik von Wesenserforschung und -bestimmung zu verdeutlichen. (Der heuristische Wert solcher Versuche bleibt allerdings unbestritten.)

Auf Spekulationen über den Ursprung des Schamanentums wurde daher ebenso bewußt verzichtet wie auf den Versuch einer Wesensbestimmung. Die Darstellung sollte den Schamanismus vielmehr in seiner ganzen Vielfalt vor Augen führen und dabei bestimmte Aspekte besonders betonen: nämlich die Jenseitssymbolik in Ausrüstung und Aktion des Schamanen, beider künstlerischer Gehalt und schließlich die Tracht als Resultat handwerklichen Vermögens.

# Erläuterung der Fachbegriffe

**Aalquappe,** auch Rutte *(Lota lota)*   aalähnlicher Süßwasserfisch, zirkumpolar verbreitet

**Alter ego** (lat. anderes Ich)   spiritueller Doppelgänger, meist Tier, aber auch Pflanze, der mit dem eigenen Schicksal verknüpft ist

**anthropomorph**   menschengestaltig

**apotropäisch**   Unheil abwehrend

**Athapasken**   Sprachfamilie nordamerikanischer Indianer in Alaska, Westkanada und im Südosten der USA

**Bon-Religion,** auch **Bön-Religion**   vorbuddhistische Religion im Himalaya-Gebiet und Tibet mit schamanistischen Zügen; heute noch praktiziert

**Cerviden**   die Familie der Hirsche (einschließlich Rehe, Elche etc.) in der biologischen Klassifikation

**cervidomorph**   hirschgestaltig

**chthonisch**   der Erde angehörend, unterirdisch; chthonische Gottheiten: Erdgottheiten agrarischer Kulturen; verantwortlich für Fruchtbarkeit und Pflanzenwachstum

**Deprivation**   Mangel, Verlust, Entzug

**Derwisch**   Mitglied eines islamischen religiösen Ordens

**Divination**   Wahrsagerei, Wahrsagekunst

**Dualismus**   Zweiheit, Gegensätzlichkeit; Annahme zweier gleichrangiger Prinzipien (z. B. in der Philosophie Geist und Materie, in der Religion Gut und Böse, Licht und Dunkel)

**esoterisch**   geheim, nur Eingeweihten zugänglich oder verständlich

**Ethnie**   Bevölkerungsgruppe mit einheitlicher Kultur und Sprache, die sich zusammengehörig fühlt

**Ethnographie**   Völkerbeschreibung

**Ethnologie**   Völkerkunde

**Heuristik**   Methodik zum Erkenntnisgewinn

**Jurte**   Hauszelt zentralasiatischer Hirtennomaden und einiger sibirischer Völkerschaften; meist mit Filz gedeckt

**Katalepsie**   Muskelstarre

**Klan**   Sozialeinheit, die sich durch gemeinsame (oft fiktive) Abstammung definiert; die Abstammungsrechnung erfolgt entweder über männliche (patrilinear) oder weibliche (matrilinear) Vorfahren; in dieser Definition gleichbedeutend mit Sippe. Nach anderen Definitionen ist der Klan eine auch territoriale Einheit von Blutsverwandten und angeheirateten Verwandten

**Kosmologie**  Vorstellung oder Theorie vom Aufbau des Kosmos

**Lamaismus**  besonders im Himalaya-Gebiet, in Tibet und der Mongolei, aber auch in Südsibirien und China verbreitete Richtung des Buddhismus

**Manichäismus**  von Mani (216–277 n. Chr.) begründete synkretistische (christliche, jüdische und zoroastische Elemente) Religion; einst bis nach Zentralasien und China verbreitet

**Mantik**  Wahrsagerei, Kunst des Hellsehens

**Maral(e)**  Unterarten des Rothirsches im Kaukasus und Altai; hier stets der Altai-Maral *(Cervus elaphus sibiricus)*

**mutterrechtlicher Kulturkreis**  Begriff aus der kulturhistorischen Ethnologie; bei W. Schmidt eine der Primärkulturen, die sich aus der jägerischen Urkultur entwickelten; geprägt von Pflanzbau und (darauf basierend) gesellschaftlicher Dominanz der Frau

**Neolithikum**  Jungsteinzeit, in Vorderasien vor ca. 10 000 Jahren beginnend; endete regional unterschiedlich, spätestens im frühen 2. Jahrtausend v. Chr.

**ornithomorph**  vogelgestaltig

**Ornat**  feierliche Tracht, Amtstracht, Zeremonialgewand

**päderastisch**  homosexuell, Knaben und Jünglingen zugewandt

**Paläoasiaten**  mehrere sibirische Völkerschaften, deren Sprachen keiner größeren Familie zugeordnet werden können: die sprachverwandten Tschuktschen, Korjaken und Itelmen; des weiteren die weder mit diesen noch untereinander verwandten Keten, Niwchen, Jukagiren und Ainu

**Paläolithikum**  früheste Phase der kulturellen Entwicklung der Menschheit; endete vor ca. 10 000 Jahren

**Pali**  mittelindische Sprache, verwendet zur Niederschrift des buddhistischen Kanons

**Paraphernalia**  Kultgeräte

**patrilinear**  Abstammungsrechnung in der väterlichen Linie; Gegensatz: matrilinear

**Plains**  hochgelegene Kurzgrassteppe zwischen den Rocky Mountains im Westen und der Prärie im Osten; erstreckt sich vom südlichen Kanada bis nach Texas

**profan**  alltäglich, weltlich

**Psychopathologie**  Lehre von den seelischen Erkrankungen

**Punzen, Punzieren**  Einschlagen von Vertiefungen (in ein Blech oder auch in Leder) mittels eines Metallstiftes

**Quäker** (Zitterer, ursprünglich Spottname)  protestantische Religionsgemeinschaft; Mitte des 17. Jhs. in England gegründet; später vor allem in den USA

**Resonator**  mitschwingender Körper; hier: in den Trommelrahmen eingezapftes Holzteil, das den Klang mitbestimmt

**rezent**  gegenwärtig, noch existent

**sensorisch**  die Sinnesorgane betreffend

**Subarktis** Klimazone zwischen der Arktis und der kaltgemäßigten Zone; nördliches Skandinavien, Sibirien, Binnenland von Alaska, Nordkanada

**subrezent** seit kurzem nicht mehr existent

**Syntax** Satzbau; Lehre vom Satzbau

**tabuisiert** verboten, unantastbar

**Tauchervögel** mehrere Arten von Vögeln, die den Familien der Seetaucher *(Gaviidae)* und der Lappentaucher *(Podicipedidae)* angehören

**theriomorph** säugetiergestaltig

**Topographie** Beschreibung geographischer Verhältnisse; auch die geographischen Oberflächenverhältnisse selbst

**transbaikalisch** jenseits (d. h. östlich) des Baikalsees

**transsexuell** sich mit dem anderen Geschlecht identifizierend

**Transvestitismus** Bevorzugung von Kleidungsstücken des anderen Geschlechts

**Transzendenz** Überschreiten der Grenzen des Diesseits, d. h. des Verstandes und der profanen Erfahrung

**Tundra** Vegetationszone nördlich der Baumgrenze

**ugrische Sprachen** Sprachen der westsibirischen Chanten und Mansen sowie der Ungarn; verwandt mit den finnischen Sprachen

**Urmonotheismus** Bedeutendster Vertreter dieser heute verworfenen Theorie war der katholische Ethnologe Pater Wilhelm SCHMIDT (1868–1954). Er postulierte einen auf göttliche Offenbarung zurückgehenden Monotheismus der frühen Menschheit, der in Resten noch bei den angeblich primitiven Kulturen (Feuerländer, Negritos, Pygmäen, Australier) nachweisbar sein sollte

**zoomorph** tiergestaltig

**Zoroastrismus** altiranische Religion; benannt nach Zoroaster (Zarathustra), einem Reformator, der im zweiten Viertel des 1. Jahrtausends v. Chr. in Baktrien wirkte

# Literaturverzeichnis

ALEKSEENKO, E. A.  Categories of Ket Shamans. In: Diószegi, V./Hoppál, M. (Hrsg.): Shamanism in Siberia: 255–264, Budapest 1978

ALEKSEEV, N. A.  Schamanismus der Türken Sibiriens. Hamburg 1987

ANISIMOV, A. F.  The Shaman's Tent of the Evenks and the Origin of the Shamanistic Rite. In: Michael, H. N. (Hrsg.): Studies in Siberian Shamanism: 84–123. Arctic Institute of North America, Toronto 1963

ANUČIN, V. J.  Skizze des Schamanismus der Jenissei Ostjaken. Publ. Musée Anthropol. et Ethnogr. Acad. Imp. Sciences Petersburg, II/2, St. Petersburg 1914

BAK, O.  Troldbjornen. Kopenhagen 1979

BECHMANN, S.  Der Schamanismus bei den Indianern des subarktischen Amerika. Diss. Wien 1958

BENESCH, K.  Vergessene Kulturen. Das Bild der Naturvölker, als die Weißen kamen. Wien 1984

BIEDERMANN, H.  Höhlenkunst der Eiszeit. Köln 1984

BLODGETT, J.  The Coming and Going of the Shaman. Eskimo Shamanism and Art. The Winnipeg Art Gallery, 1978

BOAS, F.  The Eskimo of Baffin Land and Hudson Bay. Bull. of the American Museum of Natural History 15, New York 1901–07

BOGORAS, W.  The Chukchee. II. Religion. The Jesup North Pacific Expedition, Vol. VII. Memoir of the Am. Mus. of Nat. Hist. Leiden/New York 1907

CASANOWICZ, I. M.  Shamanism of the Natives of Siberia. In: Smithsonian Rep. for 1924: 415–434, Washington 1924

CLAIBORNE, R.  Die Besiedlung Amerikas. 1973

CZAPLICKA, M. A.  Aboriginal Siberia, Oxford 1914

DAMAS, D. (Hrsg.)  Handbook of North American Indians. Vol. V: Arctic, Washington 1984

DIÓSZEGI, V.  Bericht über eine Forschungsreise nach Sibirien. In: Sociologicus 9/1: 60–66, 1959

DERS.  Die Typen und interethnischen Beziehungen der Schamanentrommeln bei den Selkupen (Ostjak-Samojeden). In: Acta Ethnographica 9: 159–179, 1960

DERS. (Hrsg.)  Glaubenswelt und Folklore der sibirischen Völker. Budapest 1963

DERS.   Zum Problem der ethnischen Homogenität des tofischen (karagassi-schen) Schamanismus. In: ders. (Hrsg.) Glaubenswelt und Folklore der sibiri-schen Völker: 261–358, Budapest 1963

DIÓSZEGI, V./HOPPÁL, M. (Hrsg.)   Shamanism in Siberia. Budapest 1978

ELIADE, M.   Schamanismus und archaische Ekstasetechnik. Frankfurt 1975

EDSMAN, C. M. (Hrsg.)   Studies in Shamanism. Stockholm 1967

EMSHEIMER, E.   Schamanentrommel und Trommelbaum. In: Ethnos XI/4: 166–181, 1946

FINDEISEN, H.   Das Schamanentum als spiritistische Religion. In: Ethnos XXV: 192–213, 1960

FINDEISEN, H./GEHRTS, H.   Die Schamanen. Köln 1983

FITZHUGH, W./KAPLAN, S. A.   Inua. Spirit World of the Bering Sea Eskimo. Washington 1982

FRIEDRICH, A./BUDDRUSS, G.   Schamanengeschichten aus Sibrien. München 1955

HAAS, J. U.   Schamanentum und Psychiatrie. Diss. Freiburg 1976

HAASE, E.   Charakteristische Elemente des Schamanismus der Eskimos. Aachen 1987

HAJDÚ, P.   Von der Klassifikation der samojedischen Schamanen. In: Diós-zegi, V. (Hrsg.): Glaubenswelt und Folklore der sibirischen Völker. Budapest 1963

HALIFAX, J.   Schamanen. Frankfurt 1983

HANSEN, K.   Grønlandsbilleder 1860–1920. Kopenhagen 1976

HARTWIG, W.   Gedanken über ein Schamanenkostüm. In: Jahrb. des Mus. f. Völkerkunde zu Leipzig XV/1956: 37–50, Berlin 1957

HARVA, U.   Die religiösen Vorstellungen der altaischen Völker. Helsinki 1938

HELM, J. (Hrsg.)   Handbook of North American Indians. Vol. VI: Subarctic. Washington 1981

HERMANNS, M.   Schamanen – Pseudoschamanen, Erlöser und Heilbringer. Wiesbaden 1970

HOLM, G.   Ethnological Sketch of the Angmagsalik Eskimo. In: Thalbitzer, W. (Hrsg.): The Ammassalik Eskimo. Vol. I, Meddelelser om Grønland 39, Kopenhagen 1914

HOLTVED, E.   Eskimo Shamanism. In: Edsman, C. M. (Hrsg.): Studies in Shamanism: 23–31, Stockholm 1967

HOPPÁL, M. (Hrsg.)   Shamanism in Eurasia. Göttingen 1984

HULTKRANTZ, Å.   Die Religion der amerikanischen Arktis. In: Paulson, I./Hultkrantz, Å./Jettmar, K.: Die Religionen Nordeuropas und der amerika-nischen Arktis: 357–415, Stuttgart 1962

JOCHELSON, W.   The Yukaghir and Yukaghirized Tungus. The Jesup North Pacific Expedition, Vol. IX. Memoir of the Am. Mus. of Nat. Hist., Leiden/New York 1926

DERS.   The Yakut. Anthr. Pap. of the Am. Mus. of Nat. Hist., Vol. XXXIII/2, New York 1933

KHOMIČ, L.V.   A Classification of Nenets Shamans. In: Diószegi, V./Hoppál, M. (Hrsg.): Shamanism in Siberia: 245–253, Budapest 1978

KLEIVAN, I./SONNE, B.  Eskimos. Greenland and Canada. Leiden 1985

KNOLL-GREILING, U.  Die sozial-psychologische Funktion des Schamanen. In: Tönnies, I. (Hrsg.): Beiträge zur Gesellungs- und Völkerwissenschaft: 102–124, Berlin 1950

DIES.  Rauschinduzierende Mittel bei Naturvölkern und ihre individuelle und soziale Wirkung. In: Sociologicus 9/1: 47–60, 1959

KRAUSE, A.  Die Tlingit-Indianer. Jena 1885

LEROI-GOURHAN, A.  Die Religionen der Vorgeschichte. Frankfurt 1981

LOMMEL, A.  Die Welt der frühen Jäger. Medizinmänner, Schamanen, Künstler. München 1965

MANKER, E.  Die lappische Zaubertrommel. 2 Bde. Stockholm 1938/Uppsala 1950

MEULI, K.  Scythica. In: Hermes 70/1: 121–176, 1935

MERKUR, D.  Becoming Half Hidden: Shamanism and Initiation Among the Inuit. Stockholm 1985

MICHAEL, H. N. (Hrsg.)  Studies in Siberian Shamanism. Arctic Institute of North America, Toronto 1963

MIKHAILOVSKII, V. M.  Shamanism in Siberia and European Russia. In: Journal of the Anthr. Inst. of Great Britain and Ireland, Vol. XXIV: 62–100, 126–158, 1895

NARR, K.  Bärenzeremoniell und Schamanismus in der älteren Steinzeit Europas. In: Saeculum X: 233–272, 1959

NELSON, E. W.  The Eskimo About Bering Strait. Washington 1899 (Repr. 1983)

NIORADZE, G.  Der Schamanismus bei den sibirischen Völkern. Stuttgart 1925

NÖLLE, W.  Iranisch-nordostasiatische Beziehungen im Schamanismus. In: Jahrb. des Mus. f. Völkerk. zu Leipzig XII/1953: 86–90, Berlin 1954

NORDLAND, O.  Shamanism as an Experiencing of »the Unreal«. In: Edsman, C. M. (Hrsg.): Studies in Shamanism: 166–185, Stockholm 1967

OHLMARKS, Å.  Studien zum Problem des Schamanismus. Kopenhagen/Lund 1939

OPPITZ, M.  Schamanen im Blinden Land. Frankfurt 1981

PARK, W. Z.  Shamanism in Western North America. Evanston/Chicago 1938

PARTANEN, J.  A Description of Burjat Shamanism. Helsinki 1941

PAULSON, I.  Die primitiven Seelenvorstellungen der nordeurasischen Völker. The Ethnogr. Mus. of Sweden, Monograph Series, Publ. No. 5, Stockholm 1958

DERS.  Die Religionen der nordasiatischen (sibirischen) Völker. In: Paulson, I./Hultkrantz, Å./Jettmar, K.: Die Religionen Nordeurasiens und der amerikanischen Arktis: 1–144, Stuttgart 1962

DERS.  Zur Phänomenologie des Schamanismus. In: Zeitschrift für Religionswissenschaft XVI/2: 121–141, 1964

DERS.  Der Schamanismus in Nordasien (Sibirien). In: Paideuma XI: 91–104, 1965

Popov, A. A.   Wie Sereptie D'aruoskin zum Schamanen geweiht wurde. In: Diószegi, V. (Hrsg.): Glaubenswelt und Folklore der sibrischen Völker: 149–159, Budapest 1963

Potapov, L.P.   Die Schamanentrommel bei den altaischen Völkerschaften. In: Diószegi, V. (Hrsg.): Glaubenswelt und Folklore der sibrischen Völker: 223–256, Budapest 1963

Prokofyeva, Y. D.   The Costume of an Enets Shaman. In: Michael, H. N. (Hrsg.): Studies in Siberian Shamanism: 124–156, Arctic Institute of North America, Toronto 1963

Radloff, W.   Aus Sibirien. 2 Bde. Leipzig 1884

ders.   Das Schamanenthum und seine Kultur. Leipzig 1885

Rasmussen, K.   Grönlandsagen. Berlin 1922

ders.   Rasmussens Thulefahrt. Frankfurt 1926

Schlesier, K.   Die Wölfe des Himmels. Welterfahrung der Cheyenne. Köln 1985

Schmidt, W.   Der Ursprung der Gottesidee. Bde. III, IX–XII, Münster 1931/ 49/52/54/55

Schröder, D.   Zur Struktur des Schamanismus. In: Schmitz, C. A. (Hrsg.): Religionsethnologie: 296–334, Frankfurt 1964

Schuster, M.   Die Schamanen und ihr Ritual. In: Freudenfeld, B.: Völkerkunde: 27–40, München 1960

Shirokogoroff, S. M.   Psychomental Complex of the Tungus. London 1935

ders.   Versuch einer Erforschung der Grundlagen des Schamanismus bei den Tungusen. In: Baessler-Archiv, Bd. XVIII/2: 41–96, Berlin 1935

Siikala, A. L.   The Rite Technique of the Siberian Shaman. FF Communications No. 220, Helsinki 1978

Speck, F. G.   Naskapi. Norman 1935

Sternberg, L.   Der Adlerkult bei den Völkern Sibiriens. In: Archiv für Religionswissenschaft XXVIII/1/2: 125–153, 1930

Stiglmayr, E.   Schamanismus, eine spiritistische Religion? In: Ethnos XXVII: 40–48, 1962

Thalbitzer, W.   The Heathen Priests of East Greenland. In: Verhandlungen des 16. Internationalen Amerikanistenkongresses: 447–464, Wien 1910

Tucci, G./Heissig, W.   Die Religionen Tibets und der Mongolei. Stuttgart 1970

Vajda, L.   Zur phaseologischen Stellung des Schamanismus (¹1959). In: Schmitz, C. A. (Hrsg.): Religionsethnologie: 265–295, Frankfurt 1964

Wassiljewitsch, G. M.   Erwerbung der Schamanenfähigkeiten bei den Evenken (Tungusen). In: Diószegi, V. (Hrsg.): Glaubenswelt und Folklore der sibrischen Völker: 369–380, Budapest 1963

Zelenin, D. M.   Die animistische Philosophie des sibirischen Schamanismus. In: Ethnos I/3: 81–85, 1936

# Abbildungsnachweis

aus: Anisimov, A. F. (1963)   Abb. Seite 177, 179, 181, 184
aus: Bak, O. (1979)   Abb. Seite 51
aus: Benesch, K. (1984)   Umschlagabb.
aus: Biedermann, H. (1984)   Abb. Seite 30
aus: Bogoras, W. (1907)   Abb. Seite 59, 76
aus: Claiborne, R. (1973)   Abb. Seite 57
aus: Damas, D. (1984)   Abb. Seite 94, 123, 132
aus: Diószegi, V. (1963)   Abb. Seite 24, 40, 109, 110, 111, 113, 117, 145, 147, 151, 153, 155, 156
aus: Diószegi, V./Hoppál, M. (1978)   Abb. Seite 79, 87, 149, 197, 199
aus: Emsheimer, E. (1946)   Abb. Seite 152
aus: Findeisen, H./Gehrts, H. (1983)   Abb. Seite 91, 191
aus: Fitzhugh, W./Kaplan, S. A. (1982)   Abb. Seite 127
aus: Halifax, J. (1983)   Abb. Seite 19, 31, 34, 74
aus: Helm, J. (1981)   Abb. Seite 98
aus: Hansen, K. (1976)   Abb. Seite 36
aus: Harva, U. (1938)   Abb. Seite 119, 175
aus: Hoppál, M. (1984)   Abb. Seite 163, 164, 167
aus: Jochelson, W. (1926)   Abb. Seite 11, 67, 80, 81, 89, 100, 101, 120, 134, 136, 173, 200
aus: Jochelson, W. (1933)   Abb. Seite 96, 102, 103, 104, 105, 159
aus: Kleivan, J./Sonne, B. (1985)   Abb. Seite 21, 52, 58, 88
aus: Lommel, A. (1965)   Abb. Seite 15, 63, 65, 129
aus: Manker, E. (1938)   Abb. Seite 2, 60, 146, 157, 158, 161, 169
aus: Nelson, E. W. (1899)   Abb. Seite 125
aus: Nioradze, G. (1925)   Abb. Seite 41, 45, 85, 131, 139, 143
aus: Prokofyeva, Y. D. (1963)   Abb. Seite 121, 138, 175
aus: Rasmussen, K. (1926)   Abb. Seite 186
aus: Shirokogoroff, S. M. (1935)   Abb. Seite 93, 122

Karten (Seite 25, 26/27)   DuMont Buchverlag Köln (A. M. Klages)

# Sachregister

*(Seitenzahlen, die über das Inhaltsverzeichnis zu ermitteln sind, erscheinen hier nicht.)*

# Namenregister

## Indianische Kunst Nordamerikas

Von Peter Bolz und Bernd Peyer. 238 Seiten mit 19 farbigen und 99 einfarbigen Abbildungen, Glossar- und Literaturverzeichnis, Register (DuMont Taschenbücher, Band 190)

»Dem wachsenden Bedürfnis nach Information haben Peter Bolz und Bernd Peyer mit dem vorliegenden Taschenbuch entsprochen. in verständlicher Form vermittelt es einen umfassenden Gesamtüberblick über die indianische Kunst in Nordamerika. Schwerpunktmäßig wird dabei die zeitgenössische Kunst beschrieben und gezeigt, ohne allerdings deren Entwicklung aus präkolumbischen und euroamerikanischen Wurzeln zu vernachlässigen.

Alle wichtigen indianischen Kunstformen und -techniken, von der Felsbild- über die Holzschnitz- und Textilkunst, von Skulptur, Korbherstellung, Applikationen, Schmuckherstellung und Töpferei bis hin zur Malerei und Druckgraphik, werden kurz und präzise, nach den Kulturgebieten Nordamerikas gegliedert, dargestellt und erläutert. Farbige und schwarzweiße Abbildungen, Skizzen zu den einzelnen Herstellungsverfahren und vier aussagekräftige Karten unterstützen den Leser und erleichtern seine erste ›Entdeckungsreise‹ durch das indianische Nordamerika in Sachen Kunst.

Ein umfangreiches Glossar und ein sehr ausführliches Literaturverzeichnis, in dem sich alle wichtigen Werke zum Thema wiederfinden, runden das sehr positive Bild dieses Buches ab. Es kann in jeder Hinsicht – inhaltlich und redaktionell – begeistern.«                                                                 *amedian*

---

## Kleine Geschichte der altamerikanischen Kunst
### Die Hochkulturen Mittel- und Südamerikas

Von Wolfgang Müller. 241 Seiten mit 18 farbigen und 74 einfarbigen Abbildungen, 9 Karten, Plänen, Zeittafeln, Glossar, Literatur, Register (DuMont Taschenbücher, Band 203)

»Das vorliegende Taschenbuch stellt eine handliche, knappe und zugleich doch sehr vielfältige und kenntnisreiche Einführung in ein komplexes kulturelles Gebiet dar, das wir immer noch summarisch als ›präcolumbisch‹ zu bezeichnen gewohnt sind. Müller stellt die vielfältigen, teils Jahrtausende alten Kulturen mit ihrem sozioreligiösen Umfeld, ihren Verflechtungen, Handelsbeziehungen sowie auch regional und klimatisch bedingten Hintergründen dar. Auf diese Weise kann ein erstes Verständnis für die faszinierenden Bilder, insbesondere jedoch die Kleinplastik entstehen, die sich unter Kunstliebhabern einer deutlich steigenden Beliebtheit erfreuen. Karten und – in diesem Falle sehr übersichtliche – Zeittafeln erlauben auch dem Anfänger, sich in dieser für die meisten Kunstinteressierten immer noch ›neuen Welt‹ zurechtzufinden.«

*Deutsches Ärzteblatt*

## Erotik und Askese in Kult und Kunst der Inder

Von Klaus Fischer. 292 Seiten mit 20 farbigen und 124 einfarbigen Abbildungen, Literaturhinweisen, Karte der Fundorte und Kultstätten, Namen-, Orts- und Sachregister (DuMont Taschenbücher, Band 81)

»Klaus Fischer hat eine Fülle von Material zusammengetragen, das teilweise stichpunktartig den einzelnen Untertiteln zugeordnet ist. So bringt er eine möglichst komprimierte Darstellung der Thematik, und das Buch erhält stellenweise einen Lexikoncharakter. Die sehr handliche Taschenbuchausgabe bietet einen guten Einblick in die Bedeutung und Thematik. Ein umfassender Anhang mit erläuternden Anmerkungen, einem reichhaltigen Literaturnachweis, einer Übersichtskarte der Fundorte und Kultstätten, Abbildungsnachweisen, Namen-, Orts- und Sachregister bildet einen nützlichen Apparat, so daß die Ausgabe sowohl für den Fachmann als auch für den Laien gut brauchbar ist. Sie ist eine notwendige und wichtige Bereicherung, um die indische Kunst und ihre Geschichte besser verstehen und kennenlernen zu können.«
*Orientalische Literaturzeitung*

## Höhlenkunst der Eiszeit

Wege zur Sinndeutung der ältesten Kunst Europas

Von Hans Biedermann. 173 Seiten mit 21 farbigen und 52 einfarbigen Abbildungen und Zeichnungen, Übersichtskarte, Glossar, Bibliographie, Register (DuMont Taschenbücher, Band 154)

## Amulette und Talismane

Symbole des magischen Alltags

Von Astrid und Joachim Knuf. 195 Seiten mit 24 farbigen und 103 einfarbigen Abbildungen, Literaturhinweisen, Sachregister (DuMont Taschenbücher, Band 147)

## Die Zigeuner

Reisende in Europa

Von Reimer Gronemeyer und Georgia A. Rakelmann. 233 Seiten mit 26 farbigen und 114 einfarbigen Abbildungen, Literaturverzeichnis, Register (DuMont Dokumente)

## Die Berber

Vielfalt und Einheit einer alten nordafrikanischen Kultur

Von Wolfgang Neumann. 223 Seiten mit 30 farbigen und 82 einfarbigen Abbildungen, Register (DuMont Dokumente)

# DuMont Taschenbücher